高考热点作家

深度还原考场真题，感受语文阅读题的 魅力
一书在手，阅读写作都不愁

春色
第一枝

乔忠延／著

中国出版集团有限公司

世界图书出版公司
上海　西安　北京　广州

图书在版编目（ＣＩＰ）数据

春色第一枝 / 乔忠延著 . — 上海：上海世界图书
出版公司 , 2023.10
　（高考热点作家 / 李继勇主编）
　ISBN 978-7-5232-0126-8

　Ⅰ . ①春… Ⅱ . ①乔… Ⅲ . ①阅读课—中学—教学参
考资料 Ⅳ . ① G634.333

中国国家版本馆 CIP 数据核字（2023）第 020249 号

书　　名	春色第一枝
	Chunse Di-yi Zhi
著　　者	乔忠延
责任编辑	孙妍捷
出版发行	上海世界图书出版公司
地　　址	上海市广中路 88 号 9-10 楼
邮　　编	200083
网　　址	http://www.wpcsh.com
经　　销	新华书店
印　　刷	天津市天玺印务有限公司
开　　本	700mm × 1000mm　1/16
印　　张	14
字　　数	174 千字
版　　次	2023 年 10 月第 1 版　　2023 年 10 月第 1 次印刷
书　　号	ISBN 978-7-5232-0126-8/G・808
定　　价	39.80 元

前　言

随着语文考试内容的改革，阅读的重要性逐渐凸显出来。近年来阅读题的比重在中高考考试中不断加大，阅读内容也越来越丰富，天文、地理、历史、科技等均有涉及；同时，体裁呈现多样化，涵盖散文、戏剧、小说、新闻等。文章涵盖面越来越广，意味着对学生阅读能力的要求越来越高。所以我们应该清晰地认识到，阅读能力的高低直接影响分数，如果阅读能力不过关，那么考试成绩肯定不会理想。

"读不懂的文章，做不完的题"一直是中学生面临的难点和困境。这就要求学生不能停留在过去的刷刷考卷、做做练习题，或是阅读一两本课外书的阶段，而是要最大限度地提升阅读能力，理解文章作者和出题人的意图，只有让学生进行大量有针对性的阅读，才是最切实有效的方法。

语文知识体系的构建和语文素质的养成，既需要重视课堂学习，又需要重视课外积累。那课外积累应该怎么做呢？高质量的课外阅读是非常有效的，这已经成为提升学生"综合竞争力"的有效手段。因此，我们策划出版了"中高考热点作家"课外阅读丛书，为广大中学生提供优质的课外读物。

这套系列丛书共18册，每册收录一位作者的作品，选取了该作者入选省级以上中高考语文试卷、模拟卷阅读题的经典作品，以及该作者未入选但适合中学生阅读的作品，帮助学生扩大阅读面，对标中高考。书中对每篇文章进行了赏析、点评和设题，能够助力学生阅读，有利于提升学生的文学素养、答题能力和答题速度。

本系列丛书收集了在国内中高考语文试卷阅读题中经常出现的18位"热点作家"杜卫东、高亚平、蒋建伟、刘成章、彭程、秦岭、乔忠延、沈俊峰、王剑冰、王若冰、王必胜、薛林荣、杨献平、杨海蒂、杨文丰、张庆和、朱鸿、张行健的优秀作品。这些"热点作家"入选中高考语文试卷阅读题的作品多以散文为主，他们的作品风格多样，内容丰富，但都具有很高的文学价值和浓郁的时代气息。这些作品不仅对中学生阅读鉴赏能力和写作水平的提升有促进作用，还对中学生的生活和学习具有启迪和指导意义，我们相信这套丛书会受到广大师生的喜爱和欢迎。

　　新中（高）考背景下的语文学习，阅读要放在首要位置。事实上，今后的中高考所有学科都会体现对语文水平的考查。不仅是语文试卷增加了阅读题的分量，其他学科也越来越注重对学生阅读理解能力的考查。提升阅读能力是一项任重道远的工作，重在培养兴趣，难在积累，贵在坚持。只要持之以恒，一定会有意想不到的收获。

目录
CONTENTS

第三辑　师法自然

第四辑　心灵波澜

第五辑　往事存真

▶**作家带你练**

第一辑 人文情思

　　人的胸怀有大有小，人的气质有高有低。大小高低如何区分？简言之，诗书就是最好的丈量尺度。

　　腹有诗书气自华。

　　读诗词，更要读史书。诗词里装满了心灵的浪漫，史书里收藏着历史的兴衰。集诗词与史书为一身，浪漫而不虚无，务实而不呆板，这才会胸怀博大，气质超拔。

【山东省临沂市沂水县第三中学 2013 届高三月考】

阅读下面的文字，完成问题。（18 分）

只取千灯一盏灯

乔忠延

①江南水乡的众多古镇，我独钟千灯。于是，坐飞机，乘汽车，赶去寻访。

②千灯果然有灯。清水滋润的河边是一条古旧的石板街，就在那石板街边的店铺中间，有一座古屋，里面陈列着很多的灯，据说，真够上千盏了。那些灯有陶捏的，有瓷质的，有铁铸的，有铜制的。品类众多，造型各异，几乎每一盏灯都闪射着人们心灵中智慧的光芒。

③无疑，千灯在江南水乡里是亮色独具的。然而，我追溯的却不是这聚合起来的文物拼盘。流动的河水，飞翘的屋檐，都能够标示本土文化的辉泽。流动的河水名为尚书浦，因为曾经疏浚河道的是明朝尚书夏元吉，尚书名气就不小了，可他手下主事的一位官员

竟然是比他名气还要大的海瑞。这河流岂可小瞧！凝固的屋檐也不弱，它的羽翼下名人辈出，有江南丝竹的首创者、陶渊明的后裔陶岘，有世人尊为昆曲鼻祖的顾坚，有明朝的抗倭英雄陈先锋，还有昆山市出自南宋的第一位状元卫泾……一个小镇，孕育出这么多人杰精英，实属罕见。更罕见的是，明清以来考中的进士居然多达35人！

④这样浓郁的文化氛围令人陶醉，也令人叩问：是否千灯这方水土当真不凡？当真有千盏明灯映着人们的心智？我远道造访，莫非就是奔这智慧的明灯来的？其实不然。我倾心的是石板街最南端的一座院落。屋舍不能算阔大，花园不能算精巧，陈设不能算豪华，不要说和山西的乔家、常家等大院相比，即使和周庄的沈园，同里的退思园相比也有差距。然而，就是这个院落令我顶礼膜拜，因为这里走出了一个令世人刮目相看的文士。他就是大名鼎鼎的顾炎武。

⑤顾炎武原来叫继坤，改名炎武是因为清兵南下，社稷将倾，为了抵御外侵，他决心投笔从戎，抗击敌寇。只是，寡难敌众，失败后他不得不背井离乡，远走北国。然而，他立定志向，誓不叛明，决不屈膝为官。顾炎武四处游走，严谨治学，撰出《日知录》《顾亭林诗文集》等著作，成为名声显赫的思想家、史学家、语言学家，在明末清初与黄宗羲、王夫之并称三位大儒。

⑥在我眼里，一位思想家不在于他的著作有多么繁富，学说有多么缜密，如果缺少了独具慧眼的发现，缺少了照亮心灵的光色，那只能是平庸的再造或翻版。不要说他笔下那浩瀚的论著，就一句"天下兴亡，匹夫有责"便具有晴天霹雳般的震撼，它照亮了我愚暗的心扉，给了我新的启迪。我知道这不是他的原话，这话是梁启超为之合成的。他的原话是："有亡国，有亡天下，亡国与亡天下奚辨？

曰：易姓改号，谓之亡国；仁义充塞，而至于率兽食人，人将相食，谓之亡天下……保国者，其君其臣，肉食者谋之；保天下者，匹夫之贱，与有责焉耳矣！"

⑦时光逝去数百年了，我坐在书斋里轻轻掀动《日知录》，当字行里跳出这段话时，眼睛竟亮得如电光闪射，神魂竟震撼得如惊雷炸响！我把顾炎武尊为补天者，他要补的天是仁爱的苍穹，道德的星空。诚如那个阴沉沉的午后，我走进尚书浦畔的顾家宅第，顿觉阴霾四散，华光迸射，心胸亮堂得少见。是的，仁爱是天，一旦失去仁爱，人和兽还有何差别？若是世道真的沦为"率兽食人，人将相食"，那可是最为恐怖的灾难啊！这灾难不是天塌，其危害甚于天塌；不是地陷，其危害甚于地陷。要免除这人为的天塌地陷有何良策？顾炎武已明确指出："匹夫之贱，与有责焉耳！"是的，匹夫有责，匹夫履责，才会民风和洽；才会其乐融融，才会重现尧天舜日的美景。

⑧顾炎武点起了一盏灯，一盏照亮人心的明灯！顾炎武就是一盏灯，一盏闪烁在中华大地的思想明灯！

⑨我在千灯的清流秀水边徘徊，我在千灯的老街故宅里追溯，寻访的就是顾炎武这盏明灯。我不敢贪婪，若是千灯容许我带走一盏灯，那我就带走顾炎武这一盏！

（原载 2011.4.20《人民日报》，有删节）

1. 题目中"千灯"一词有什么含义？（4分）

_____

_____

2. 请分析文中画线句子的表达效果。（4分）

_____

_____

3. 第③段中，作者列举千灯镇许多历史文化名人，有什么作用？请简要分析。（4分）

_____

_____

4. 结合文本内容及现实，谈谈作者为什么在"千灯"中只取顾炎武这一盏明灯。（6分）

_____

_____

_____

名师带你读

雪 考

这篇散文向我们描绘了一幅洁白、雅致的雪景图，塑造了一个纯净的、没有一点杂色的雪的世界。但是雪不仅仅在展示它浩瀚无边的洁白，还在考验世间的万物。苍茫大地，古往今来，到底有谁能经得住这场雪的考验呢？我们就到文中去感受一下吧！

❶ 采用排比的修辞，用"银装素裹"突出了雪"白"的特点，用涤洗了人"烦躁焦虑的情绪"，表达了对雪的热爱之情。

今年雪来得早，早到了众生还没有想她，她就到了。来得轻手轻脚，来得大方慷慨，飘飘悠悠，洋洋洒洒，往地上铺，往树上挂，只一转眼地上白了，房上白了，树上白了，若是你要在外头行走，发梢眉尖，肩膀鞋面，都是白的。❶白得这世界上银装素裹，遮掩了往日繁

6

杂斑驳的姿色；白得人心里洁净雅致，涤洗了往常那烦躁焦虑的情绪；白得我直想扑向阔野，对着雪花舞蹈飞扬的长天，对着雪被厚重覆盖的大地，放声高唱一曲：我爱你洁白的雪！

①雪是上天的娇魂，雪是上天的洁神，雪也是上天的灵物。若不是上天，谁人会有这么大的魔力，转瞬之间将从世间汲取的水汽提取得如此之纯，如此之净，纯得没有一点杂色，净得没有一点杂质。然后，抛起来，撒开去，让漫天飞舞，让遍野覆盖，活脱出一个全新的世界。

上天的娇魂、洁神、灵物到了人间，不光是要扫除万里尘埃，不光是要涤滤千秋浮躁，也不仅仅是为人间展示出一幅浩瀚无边的画卷，而是……而是什么？②上天无言，无言的上天似乎是说，这是一张铺展开来的巨大考卷。考你，考我，考他，还要考牛，考马，考树，考花……考一切在这个尘世间的物什。这考试从什么时候开始，人类无法记忆，上天没有记忆。上天只能记得白卷，白卷，一次一次的白卷，白白铺展了一次又一次。然而，上天毫不泄馁，仍然一次又一次地飞扬雪花，铺衬大地，展开一张又一张洁白无比的考卷。上天无言，无言的上天暗暗盘算，谁答出了这个命题，就让谁代替自己去主导这个世界。

③然而，白卷还是交了一次又一次……一次又一次的白卷并没有消解了上天的耐心，继续等待，等待，

❶ 这组排比句，富有节奏感，气势强烈，表达了作者对雪的高度赞美。

❷ 把雪比喻成巨大的考卷，生动形象地突出了"雪"的大，覆盖了世间万物的特点。

❸ 这是一个承上启下的过渡段，承接上文人类交了一次又一次的白卷，引出下文仓颉造字的故事。

等待着人的出现，等待着他从人群中走来……

走来了，走来了，上天终于看到他走出了窝棚，走向了阔野。他低下了头颅，他贴下了身肢，他笑出了声音，是雪地上鸟兽的足迹化作了他大笑的音符。他捡起了一根柴枝，已在纵画斜撇。他的这一连串动作将成为中华民族最古老的书写，因为，他从上天铺展开的考卷上读出了象形。象形成了他写给上天的答案，也成了我们的文字！由于文字我们打开了祖先的笔记，去阅读祖先的智慧，去继续祖先的业绩。在这打开、阅读、继续里，我们加快了人猿揖别后的步履。因为，我们从那里读到了先祖发现的高天的秘密，大地的秘密，禽兽的秘密，草木的秘密，文字给了我们生命的活力。

① 我们还感受不到这活力的时候，上天已满意地笑了，笑着收下了漫长等待之后的第一张答卷！并且将他的名字留在了世上，从此仓颉走进了一代一代中华儿女的记忆。

雪的考试该结束了吧？没有，上天仍在飞舞雪花，仍在铺展雪地，又进入了漫长的等待，等待的是否焦虑了？要不，何会这么早就来了一场雪，一场铺天盖地的雪？

地上的树全白了，松树、柏树、桐树、槐树一律白了，白了头顶，白了身子，白成了负荷，白成了扭曲，甚至折枝断干，残了自己的肢体。**②** 在这断裂里，唯

❶ 采用拟人的修辞，上天"满意地笑"，说明了汉字的魅力、祖先的智慧，汉字的发明创造是人类交给上天第一张满意的答卷，激发读者对汉字的热爱之情。

❷ 采用设问、拟人的修辞，写出了柿子树高昂、不贪婪、有气节的特点。

有柿子树高昂着，伸展着遒劲的枝杈。这是何故？细细观之，原来这柿子树不贪不婪，早早就清空了春日夏季赐予的那富丽的绿叶。那何止是清空绿叶，是在涤滤自我的贪欲！无欲则刚，于是，在早降的暴雪里，他，他们昂扬着枝干、昂然着气节，在毫不犹豫地回答上天的考题，奋然写下清贫者的胜利！

延伸思考

1. 文中为什么会插入仓颉造字的故事？

_____

_____

2. 柿子树在文中有什么象征意义？

_____

_____

_____

春的锣鼓

名师导读▶

是什么叫醒了春天？是第一枝迎春花？是第一只燕子？不，是那翻江倒海般轰鸣的威风锣鼓。锣鼓一敲，威风八面，春光便紧随而至了。文章抓住锣鼓的特点，采用排比、对比、拟人、比喻等修辞，生动地描写了春日里威风锣鼓的激昂声响，并且赋予它深刻的寓意。这到底是怎样的一场视听觉盛宴呢？我们到文中看看吧！

❶ 以疑问句开篇，设置悬念，吸引读者继续阅读。

① 春，是从何时开始苏醒涌动的？

是从崖畔上垂下第一枝黄灿灿的迎春花吗？不是，一枝独秀的迎春花，犹如从天地间穿过的第一只燕子，传递的仅仅是春将要到来的消息。是从漫山遍野红艳艳的山桃花吗？不是，芬芳竞艳的山桃花，犹如杨树梢头叽叽喳喳的喜鹊，那已是春盈满天地间的捷报。那春到底从何时开始苏醒涌动的？我固执地认为，

① 从大年的威风锣鼓猛然爆发、齐声轰鸣，春便苏醒、便起步、便奔涌，以至百般红紫斗芳菲，以至千里莺啼绿映红，以至万里山河皆画卷。

❶ 为开篇解疑，威风锣鼓是春开始涌动的标志。

在我童年的记忆里，春和我一样，都是贪睡的孩子。一旦入睡，就久久享受着酣梦，迟迟难以苏醒。那时，妈妈在枕头边摆好过年的新衣服、新棉帽，还有小鞭炮，可我就是懒在被窝里不想起床。叫不起来，妈妈就把我扶起来。坐在炕上，我仍然双眼睁不开，迷迷糊糊如在云雾间。忽然，我的眼睛灿亮，一跃而起，穿上衣服，飞跑出去，恨不得长出一双翅膀，一下飞出好远。让我眼睛灿亮、一跃而起的，正是那翻江倒海般轰鸣的威风锣鼓。

威风锣鼓，是我家乡山西临汾特有的打击乐。乐器很简单，就四样：锣、鼓、钹、铙。但是，可别小瞧这四样乐器，配置起来样样都有文化内涵。常见的组合是：一面鼓、两副铙、两副钹、八面锣。要想规模大，按照比例递增。如今，百人、千人锣鼓队屡见不鲜。据说，鼓代表土，两副铙、两副钹分别代表金、木、水、火——五行齐全；八面锣代表东、西、南、北及东南、西南、东北、西北——四面八方。敲打时，鼓居中，铙、钹在鼓的四个角，锣围在外圈——天圆地方。这样组合在一起，演奏成一曲，就能够迸发出惊心动魄的声威。有人描写过，如霹雳轰鸣，如暴雨倾盆。可我总觉得还不够劲，那锣鼓声，比霹雳还要威

① 锣、鼓、钹、铙这四种最简单的乐器演奏出给震人心魄的音乐。

② 全村老少都在这锣鼓声中欢欢喜喜地庆祝新年。由此可见，威风锣鼓给人们带来的是新春的生机和活力，是对未来生活饱满的热情。

武，比暴雨还要狂猛。①那气势，不是山呼海啸，胜过山呼海啸；不是石破天惊，胜过石破天惊。那锣鼓能长劲，那锣鼓能生威，能让懵懵懂懂的我奋然跃起，奔跑开来，跑向村正中的大院，随着激昂的声响，和那些如痴如醉的爷爷奶奶叔叔伯伯一起举行大年的联欢，②村里的老老少少欢天喜地度过万象更新的大年初一。

小时候也纳闷过，家乡这大年联欢未免有些简单，没有豪言壮语，没有丝竹盈耳，没有歌舞飘逸，也没有粉墨登场，实在是简单得很。长大了细想才明白，何须豪言壮语，何须丝竹盈耳，仅这威风锣鼓就能以一胜十、胜百，胜过千千万万。是呀，巍巍中华，地大物博，万里山河，千姿百态，鼓乐也风情万种。有腰鼓，有花鼓，有书鼓，有琴鼓，有排鼓，有板鼓，有扇子鼓，还有阴阳鼓和花盆鼓。鼓乐众多，花样迥异，各自都有吸引眼球的魅力。不过，若论最具声势、最能鼓舞人心的锣鼓，我以为，还是家乡的锣鼓。难怪世人把这锣鼓推举为威风，名曰：威风锣鼓。

我无论如何也想象不出，汾河两岸的先辈们为何能缔造出威风锣鼓，并且用威风锣鼓激活每年这最重要、最隆盛的新春佳节。或许是我居住在黄土高原的缘故，大年，与后来被叫作春节的喜庆日子，来临时却没有一点点春天的气息。冰封河山、寒凝大地，雪花纷飞更是最常见的。莫说百般红紫斗芳菲的蓬勃春色，就是草色遥看近却无的初春景象，也还在祈盼之中。正因为如此，我才一厢情愿地认为春和那个儿时的我一样，正在被窝里贪睡。需得猛击一掌，需得大吼一声，才能惊醒春，春才会迎着寒冽的西北风起步，奔走，直至奋跑，跑进万紫千红，跑进林茂禾盛，跑进五谷丰登。①而如这一掌猛击、一声大吼一般，见气势、具活力的，无疑就是先辈们缔造的威风锣鼓。

　　曾经沾沾自喜，以为破译了威风锣鼓蕴含的奥秘。然而，自从威风锣鼓被列入国家首批非物质文化遗产名录，我不得不重新鉴赏感悟其中的丰饶真谛。再观看锣鼓表演，耳边震荡的是多变的鼓点，胸中翻腾的竟然是李白的诗句。要么是"大鹏一日同风起，扶摇直上九万里"；要么是"俱怀逸兴壮思飞，欲上青天揽明月"；要么是"长风破浪会有时，直挂云帆济沧海"……同风起，壮思飞，长风破浪，直挂云帆，这才是威风锣鼓千秋相传、万代不衰的永恒魅力。

　　我曾经盯着被誉为鼓王的程三洪，用他打鼓的姿态解读威风锣鼓魅力的内涵。他那眼时睁时闭，臂时舞时停，腿时起时伏。我蓦然领悟，威风锣鼓的声威交织着多种力量，使用的是心力，张扬的是外力，积蕴的是内力，下压的是重力，上翘的是弹力，浑身喷射的是爆发力。毫无疑问，只有将精气神集于一身，融为一体，才能击打出波澜壮阔的声威。

　　正缘于这扬威提神的魅力，威风锣鼓才能成为一

❶ 威风锣鼓有惊心动魄、波澜壮阔的声威，有气势，有活力，有千秋相传、万代不衰的永恒魅力。

张文化名片、一个文化品牌；才能走出家乡，扬帆远航，遍及神州。数不清有多少教练在长城内外传播鼓艺，数不清有多少团队在大江南北敲打展演。这些教练，这些演员，多是走出庄稼地的农人，有的来自汾河谷地，有的来自偏远山庄。祖祖辈辈躬耕田地的庄稼汉，做梦也没有想到这喜庆的锣鼓，会成为脱贫致富奔小康的道路。他们喜出望外地走出家门，去敲锣打鼓，去欢悦万家，去激扬神威，去招财进宝。

喜滋滋、笑盈盈的家乡儿女吃过阖家团聚的年夜饭，喝过人寿年丰的喜庆酒，一开大门，新年光临。全面建成小康社会的宏伟画卷已在眼前铺开。信心满满的乡亲们早已挎着鼓，举着钹，持着锣，擎着铙，呐喊着飞步奔上场来。脚跟站定，双槌敲击，威风锣鼓擂响了！高天碧蓝，阳光灿烂，盈耳的全是滚滚春雷！

❶ 照应开头。此处将锣鼓的声音形容为春雷，写出了威风锣鼓给大地带来生机和活力，鼓舞着人们为美好生活而努力奋斗，深化文章的主题。

① 在惊天动地的春雷声中，春草在萌动，春水在融冰，春天在苏醒、在奔涌，和着众志成城的热浪欢悦地奔涌，奔涌！

延伸思考

1. 简要概括威风锣鼓都有哪些魅力？

2. 请简要赏析文章第二段。

春色第一枝

名师导读 ▶

这是春天里的第一枝花吗？这是春天里的第一枝柳吗？不，这是一场"臂一扬，手一挥"隆隆轰鸣的秧歌，秧歌的这一声吼喊，春光便紧随而至了。文章抓住秧歌的特色，采用排比、对比、拟人、比喻等修辞，生动地描写了春日里秧歌的盛会，并且赋予秧歌深刻的寓意。这到底是怎样的一场秧歌呢？我们到文中看看吧！

❶ 文章开头采用设问的修辞，吸引读者的阅读兴趣，又点明文章要写的主题，在结构上还起到总领全文的作用。

① 第一缕春风是从哪里吹来的？

秧歌。

第一声春雷是从哪里响起的？

秧歌。

秧歌是窝蜷过沉闷的冬天后，第一次舒展腰身；秧歌是喑哑过漫长的冬天后，第一声放声吼喊。舒展腰身的汉子婆娘还嫌自己的腰身太低太矮，一意想把

16

冲天的志向舒展到九霄云端去，于是手里就有了一绺比阳光还要鲜艳的红绸子。放声吼喊的汉子婆娘还嫌自己的嗓音太低太弱，于是胯上就挂了一个能敲出雷声的西瓜鼓。① 腿一踢，脚一甩，红绸子旋舞开来，乘风飘扬，像是翩翩欲上高天仙界。臂一扬，手一挥，西瓜鼓响开来，隆隆轰鸣，像是雷神在唤醒贪睡的山水。

秧歌是歌，开春第一歌！

秧歌是舞，开春第一舞！

开春？对，不是迎春，不是贺春，就是开春，名副其实的开春！② 开春的那个开，不是开门的开，开门太小气；不是开垦的开，开垦太普通。开春的那个开，应该是开辟的开，开辟新天地；应该是开创的开，开创新日月；应该是开拓的开，开拓新时代。这秧歌一扭，歌声飞，舞蹈旋，开春了！

紧随春光而至的是欢呼雀跃蜂拥而至的"开"：开朗了，天地间的迷雾岚烟散去，豁然辽远开阔，一望无际；开心了，手不再凉，脚不再冻，头上的那两片耳朵不用再捂在棉帽里，堵塞得听不见溪水潺潺，鸟鸣啾啾；开头了，一年之计在于春，一个崭新的岁月铺开了白纸，可以描绘最新最美的图画，可以书写最新最美的文章，绘好第一笔，写好第一句，有了良好的开端，才会有良好的未来；开赛了，人勤春早，你追我赶，要早一分一秒把希望的种子播进肥沃的土壤，

❶ 第一句抓住下半身动作来写，第二句抓住上半身动作来写，"踢""甩""扬""挥"四个动词，简洁准确地写出了扭秧歌时的动作。

❷ 作者赋予"开"字多层内涵，写作手法富有新意，表现了开春时的美好。

17

① 这里采用排比的修辞，写出了春天里的诸多赛事。春天来了，万物都活了起来，比赛更是让人精神抖擞，让人生机勃勃，有活力的人们正在谱写着美好的春天和未来。

而且万物都在竞相萌芽，竞相生长，昨晚还是草色遥看近却无，今晨已经万条垂下绿丝绦。**①** 天下是个大赛场，城乡都是大赛区，田野里在赛跑，草原上在赛马，都市里在赛车，海洋中在赛艇……赛，比赛，竞赛，无处不在开赛，无处不在开春！生机蓬勃，蓬勃向上的春天，在秧歌的歌舞中回归大地，处处都在写新作，谱新歌，绘新图。

是啊，扭起秧歌来开春，春意迸发，春意磅礴，春意繁盛人间！

② 这句话以"歌楼太小""舞台太窄"作为衬托，表现秧歌歌声激扬、动作波澜壮阔的特点，引出了下文对秧歌舞台的介绍。

② 因而，秧歌的歌，不能在歌楼上唱，歌楼太小，盛不下那激扬苍穹的声响；秧歌的舞，不能在舞台上跳，舞台太窄，载不起那波澜壮阔的奋跃。秧歌的舞台宽阔无垠，是乡村的打麦场，是都市的大广场。大年的腿脚还在严寒的风雪里艰难跋涉，德高望重的老奶奶，已把老花镜架在鼻梁上一针一线地缝制万民伞了。黄色的绸布缝做伞冠，象征皇天后土；红色的流苏垂挂伞沿，象征光芒照耀。伞边也不空白，各家各户长老的名字都要刺绣在上头。这家忙着绣伞盖，那家忙着预置鼓。西瓜鼓放在火炉边上缓缓烘热，让牛皮绷得展展的，鼓槌轻轻一敲就能发出震耳的轰鸣声。

③ 这里采用比喻的修辞，将红绸布比喻成"一堆火"，可见新绸缎的颜色鲜艳，这"一堆火"也点燃了人们心中的火，带领着人们奔向火红的生活。

③ 尘封的红绸布旧了，扯来光鲜泛亮的新绸缎，放下来是红红一堆火，撒开去是烈烈无数焰。还有更忙的，做高跷，扎竹马，糊旱船，裱龙灯……一切的一切都在往前赶，赶光阴，赶年节，赶在除夕到来之前必须

万事俱备，万无一失，万人称心。

　　似乎还是那么遥远的大年，眨眼间就耸立在面前。
①穿戴一新的人们吃过年饺，喜眉笑眼地走出家门，
涌向打麦场，涌向大广场，簇拥着秧歌登场亮相。满
天晴亮却有惊雷响起，不是雷声，是鼓声，鼓乐声里
秧歌队曼舞着来了。

　　不是琼楼玉宇，却有仙人下凡，手中红绸一扬，
恰似高天霞光落尘寰。脚步轻盈，双脚踩十字，不仅
脚踏实地，还要十全十美。排列成行的舞队，蹦跳着
前行，变化着花样，样样寄托着人们的厚望。忽而，
前后交叉走阴阳，走出黑白太极图，走向和谐的美景。
②忽而，前行后随卷浪花，卷出疾风，卷出浪涛，还
要乘风破浪挂云帆。忽而，首尾重叠布成阵，阵营密实，
众志成城，犹如铜墙铁壁。忽而，舞步细密，钻进钻出，
像是枝繁叶茂，乱花迷眼；像是五谷丰登，欢欢喜喜
收获，收获了再欢欢喜喜播种……

　　当然，这秧歌，或紧或松，或收或扬，都离不开
伞头引领。伞头是指挥，却不是趾高气扬地挥手甩臂，
同样也在舞蹈，而且舞得最灿亮，最夺目。无论舞步
是快是慢，是高是低，手中都擎着那把万民伞。因而，
这指挥不称指挥,只称伞头。伞头和指挥似乎作用相近，
意思却迥然不同。③伞头高举的是万民伞，万民伞是
为平民百姓遮风挡雨的伞，是为平民百姓遮热挡寒的
伞。秧歌队跟着伞头走，就是跟着自己的夙愿而奔走；

❶ "走出""涌
向""簇拥"这
些动词写出了走向
打麦场的人高兴热
烈、积极急切的心
情，大家都在期盼
着秧歌的开始、春
天的涌动。

❷ 四个"忽而"
形成排比句，写出
了秧歌扭起来动作
的千变万化。后面
比喻句生动地描写
出扭秧歌的盛况，
这是一派欢乐祥
和、五谷丰登的春
的盛宴。

❸ 这里对"万民
伞"的深刻含义做
出解释，增加了文
章的思想深度。

秧歌队跟着伞头舞，就是为着自己的幸福而起舞。

秧歌队走着舞着，走出大场，走进家户，无论院大院小，逢门必进，每家每户都要留下激越的鼓乐，留下合欢的舞蹈。①每家每户笑着把秧歌队迎进来，送出去，比笑容还灿烂的是剥开皮的核桃，洗干净的红枣，还有周身金黄的梨子和染着红霞的苹果。那都是欢迎秧歌队的，招待秧歌队的。

秧歌进院干什么？

禳灾，赐福。

原来，早先的早先，这秧歌并不称作秧歌，而是叫作禳歌。禳，是祭祀，是祭祀天地君亲师，是祈祷消除灾殃，是祈求祛除邪恶。②先祖渴望国泰民安，渴望五谷丰登，渴望六畜兴旺，渴望安居乐业，但是，倘要灾殃降临，疾病缠身，一切都会化为乌有。先祖祈盼把渴望变成现实，把命运寄托在天地君亲师那里，禳歌就是虔诚的祭祀，真诚的祈盼，祈盼天下风调雨顺、世人健康无恙。因而，那把象征福佑的万民伞必须走进家家户户，禳歌走进家家户户也就是必然的必然。不知从何时，禳歌蜕变为秧歌，但无论名称咋变，实质未变，内涵未变，那歌声和舞蹈始终延续着古老的精魂。

秧歌承载着千秋万代的祈盼，那祈盼浩浩荡荡，如热流，如热潮，如热浪。热起来，能让长空变成热天，能让大地变成热土。③看吧，秧歌一扭，严寒在消退，

① 这句话采用拟人修辞，把"核桃""梨子""苹果"的特点写得生动并且有人的情态，可见"物"也在带着感情欢迎秧歌队。

② 这里是先祖的祈盼和渴望，也是世世代代老百姓的祈盼和渴望，人们把祈盼和渴望寄托在秧歌上，秧歌便承载了人们内心的愿望而延续着古老的精魂。

③ 这里描写了第一抹春色，这一抹春色随着秧歌的扭动来了，来得诚心诚意，来得浩浩荡荡，来得振奋人心。"春色第一枝"作为结尾，照应文章题目，给人以遐想的空间。

积雪在融化，荒草在发芽，秃山在泛绿，花朵在含苞，
千沟万壑，千山万水，都诚心诚意捧出——

　　春色第一枝。

延伸思考

1. 文章在写"秧歌"，为什么以"春色第一枝"做题目？

_____

_____

2. 文章写"襄歌"有什么寓意？

_____

_____

3. 作者在第七和第九段两个秧歌表演的场景中，各写了什么内容？请分别加以概括。

_____

_____

_____

孝友祠情思

名师导读 ▶

　　这个村因孝而命名，这个祠堂也因孝而命名，据说"孝友祠"三个字还是嘉靖皇帝亲笔书写，这到底是怎样的祠堂呢？作者用朴实的笔触向我们娓娓讲述了孝友祠的形成，以及它背后的历史，其中蕴含着对孝道的思考。

❶ 开门见山，交代了孝友祠的地理位置，引出了下文对孝友村的介绍。

　　① 从临沂城出来，北行不远有个白沙埠镇。千年古祠堂就在白沙埠镇的孝友村。

　　孝友村原来叫双湖村，所以叫成现在的名字还是因为这座古祠堂。古祠堂是王氏家族的祠堂。一般的祠堂，王家的就叫王家祠堂，李家的就叫李家祠堂，可这古祠堂却叫孝友祠，而且还因为这祠堂将双湖村也更名为孝友村。

❷ 这是一个承上启下的过渡段，设问的方式激发了读者的阅读兴趣。

　　② 这是为什么？

　　原因还颇有点来头，这来头要追寻到二十四孝。

二十四孝有一孝《王祥卧冰》就出在早年的双湖村。

王祥，字休征，晋朝人，出生后不久，生母病故，父亲娶了继母朱氏。朱氏生了个儿子叫王览，她为了让亲生儿子独得家产，便想谋害王祥。天降暴雨，硬让王祥去李树下看守，如若有李子掉下就要暴打他，王祥只得冒雨守候。说也奇怪，风吹雨打却一颗李子也没掉下。一计不成，就又来一计，朱氏三番五次说王祥的坏话，父亲受她影响，渐渐地对王祥也产生了偏见。王祥失去了父爱，日子过得战战兢兢。

然而，王祥生性至孝，对父母的偏心和不公从无一句怨言。他一如既往地恭敬孝顺，精心侍候两位老人。一天，患病的继母突然想吃鱼。时值隆冬，河流早就结了冰，到哪儿去捕鱼？① 王祥得知，跑到了河边，脱去外衣，躺倒在冰上，用身体的温暖去融化坚硬厚实的冰层。待到冰融化时，他浑身早已冻得麻木了。说来也巧，冰面一裂，居然蹦出了两条鲤鱼。就这样，王祥的继母吃到了鲜鱼，治好了疾病。王祥至孝的事迹传开了，他也因此受到皇帝的重视。皇帝招他入朝为官，后来官至太保，爵封睢陵公。

王祥的事迹不新鲜，和虞舜的故事有些相似。然而，他的弟弟王览与舜的弟弟象却完全两样。像是与母亲一起谋害哥哥，而王览却千方百计地保护哥哥。一次，母亲在酒里下了毒，要王祥喝。② 王览觉得怪异，把毒酒夺过来自己要喝，母亲慌忙把酒打翻在地，这才

❶ "跑""脱""躺"这一系列的动词，准确写出了王祥为让母亲吃到鱼，不怕严寒并且急切的心情。

❷ 王览为救哥哥喝毒酒的举动，可见王览对哥哥真挚的情谊和他善良正直的品质。

23

救了哥哥不死。随着王祥的出名，王览也出名了，也被举荐为官。不仅他做了官，而且他的后人九代都是公卿。

兄弟二人一位以孝闻名，一位以悌闻名，并且都居高官，因此在故里建起王家祠堂不算稀奇。稀奇的是这王家祠堂更名为孝友祠。切莫小看这更名，据说这是明代嘉靖皇帝敕封的，而且还亲笔题写了祠名。当然，嘉靖皇帝敕封和题写祠名不仅仅是为了褒奖先贤，在他挥毫题写时，光阴已过了近千年，其声名再显赫也无价值了，重要的是用他们的事迹教化后人，形成孝敬父母、友善兄弟的良好社会风尚。① 因此脚步未进孝友祠就令人感慨良多。感慨这不大的祠堂凝聚着我国以德治国的悠久而美好的传统。

孝友祠前是一条河，就是王祥为继母卧冰求鱼的那条河。那河不宽，水也不大，原先连个名字也没有。因为王祥的孝敬之举它才得名孝河。如今的孝河上建有一座亭子，亭上有尊碑石，上书几个大字：晋元公王祥卧冰处。② 站在亭上观望，河水潺潺。虽无别样红的映日荷花，却有无穷碧的接天莲叶。最迷人的还不止这优美的风景，而是，莲叶下那洁白的莲藕。村里人告诉我们，他地的莲藕都是八个眼，而孝河的莲藕却是九个眼。③ 为什么？村人笑笑才说，那一个眼就是多出的一份孝心啊！我无法赞同这牵强有理，却也无法否认这附会精明。这也是一种文化，一种民俗

---

❶ 这句话直抒胸臆，表达了作者对王家兄弟的敬佩之情，以及对我国以德治国美好传统的感慨，这种感慨令人胸中涌动，倍受感染。

❷ 这里的景色描写，化用了诗句"接天莲叶无穷碧，映日荷花别样红"，向我们展现了此处的美景，为下文写莲藕起到了铺垫衬托作用。

❸ 这句话可能毫无科学根据，但是却是流传在乡间的一种民俗文化，这种文化对人们有一定的教化作用。

文化，将深奥的义理，枯燥的说教，大化开来，延展开去，大化延展到凡俗的物事上去，让人们在司空见惯的物事上感受礼仪道德，不知道这是皇家的英明，还是官员的睿智，又或者是百姓的聪慧？但是，我实在敬慕我们的先祖这寓理于趣的做法。

孝友祠不大，进入大门，穿过花木葱茏的小径，就是大殿。大殿里供奉的当然有王祥、王览兄弟二人，我默默地向二位远去的先贤致意，礼敬他们用自己的品行为当时，也为后世树立了一尊道德的标杆。① 蓦然回头，居然发现了书圣王羲之。莫非这位彪炳千秋的书圣就是从这块土地上走出去的？仔细一看，正是！他不仅是王家的后人，而且是王览的四世孙子。一刹那，我心头豁亮，真没有想到一个困扰我好久的难题会在这间不起眼的小祠堂里迎刃而解。

毋庸置疑，王羲之这位书圣是耸立在我艺术世界的一尊丰碑。他那飘若浮云、矫若惊龙的墨色，不知醉倒了多少文人书痴。尤其是那篇随兴写来的《兰亭集序》，将世事沧桑全然挥洒进去了。世人评价他的书法气势雄健，风骨卓然。② 我承认这种评价，但我觉得还不尽意，总觉得那风骨气势里面还蕴含着难以度量的温厚，却不知道这温厚来自何处。为解读这温厚，我去过绍兴的兰亭，却只能从那山水之中捕捉到气势风骨中的灵秀；我去过临沂的墨池，却只能从幽深的清流之中体味到雄健卓然里的恒久。③ 是的，墨池的

① 以设问的形式引起读者的兴趣。

② 这是作者心中的疑惑，这"温厚"从何而来，作者一直在寻找。作者先给我们"设疑"，然后再"解疑"，情节层层而扣，吸引读者。

③ 这句话起到承上启下的作用，单纯的墨池和兰亭是成就不了王羲之书法里的温厚的，来自哪里呢？往下看吧！

恒久磨炼了他，兰亭的灵秀滋润了他，那么，那一份温厚到底来自何方？

这小小的祠堂告诉了我，那一份温厚就来自这里，来自先祖的血脉。在人类的进化史上，后人的肢体无不带着前人的遗传，用时下的话说就是携带着祖先的基因，王羲之当然也是一样。是先人王览身躯里的宽容豁达传给了他，带着祖上的精髓他临池习练，观鹅舞笔，自然的风韵和先祖的骨血凝结在心胸，化育为崭新的神魂。那神魂驱动他挥毫，驱动他舞墨。是舞墨，不是泼墨，他没有放纵到泼墨的天地，可是在舞墨的世界里创造了奇崛的风姿。我终于明白了在书法墨意中，王羲之能够成为唯一的秘密。真没有想到这小小的祠堂会集纳这么深沉的道理。当然，这道理王览不会知晓，他不会想到他恭敬兄长的行为中，会潜隐着滋养后人的无穷的动力。他更不会想到，他的行为是在垒筑中华书法的金字塔。那高耸的塔尖固然令人炫目，但是，离开了他那深厚的基础，就不会建造起接天逼目的塔体！

^①孝友祠，如同一本丰厚的寓言大著。或许嘉靖皇帝书写时，只是想将王家的道义泼洒到天涯海角，却没想到他的匠心之外还隐藏着耐人寻味的伏笔。我久久地咀嚼这伏笔，在前天，在昨日，一直到今夜……

❶ 采用比喻修辞，把孝友祠比喻成丰厚的寓言大著，虽然语句简短，但是寓意深刻。孝友祠对后人的教导作用是丰厚的，是我们中华民族无形的宝贵财产。

延伸思考

1. "让人们在司空见惯的物事上感受礼仪道德，不知道这是皇家的英明，还是官员的睿智，又或者是百姓的聪慧？"你怎样理解这句话？

_____

_____

_____

2. 文章主要写孝友祠，为什么用了大幅的笔墨来写王羲之？

_____

_____

_____

3. 文章结尾说"隐藏着耐人寻味的伏笔"指的是什么？

_____

_____

_____

台　子

名师导读 ▶

这是一个村子里看戏的戏台，台下挤满了看戏的人，台上的演员演绎着人间的爱恨情仇、悲欢离合。在那个时候，村子里的这个小小的戏台便是人们的精神寄托，寄托了美好的希冀，是人们喘息的出口。作者用细腻的笔触，用对比、夸张等写作手法，向我们展现了村子里的戏台，下面我们就到文中看看吧！

❶ 开门见山，告诉我们台子就是戏台，引出下文对村子、对唱戏的介绍。

① 台子是戏台。戏台在村子里被众人唤成台子。

台子是村子里的乐趣，也是村子里的奢侈。村子里有院子，院子里有房子。没有房子，没有院子，便没有村子。村子里却不一定有台子，没有台子的村子也是村子。

大村、富村才有台子，有台子的村子多数被叫作镇子，只是镇子也是村子，村子四周还是村子。

房子、院子是用来住人的。住在房子、院子里的是庄稼人。庄稼人的心思是五谷丰登。①为了五谷丰登，<u>众人光着膀子在田里狠下力气</u>。下力气种地，下力气锄禾，却不一定有下力气的收成。天上的风雨也左右着田里的籽实。因而，要左右田里的籽实，先要左右天上的风雨，而要左右天上的风雨，必须讨得神灵的欢喜。庄稼人便倾家所有地凑份子，建大庙，把神仙供进村子里。

村子里有了庙，庙里有了台子。众人好看戏，想象神仙也好看戏。逢年过节都唱戏，别看是人在看戏，戏却是唱给神仙看的。丰收了唱戏，是报答神仙的恩赐；歉收了唱戏，是要神仙谅解人的过错。人到底有什么过错，不清楚，只清楚心诚则灵，不唱戏不行，真心实意地请一台戏，好好唱十天半个月。不过，说是给神唱戏，热闹红火的却是人们自己。②<u>台子下密密麻麻，挨挨挤挤的全是人，前头的坐低凳，后头的坐高凳，再后头的站在凳子上，幼儿稚女则骑在凳子上的父亲脖子上。</u>人们挤挤攘攘够了，神仙也就过够了瘾。

台子建在大庙里，大庙建在村子里，台子当然不敢和村子比，要比自己也是芝麻绿豆的，小多了。偏偏小台子却是大天地，大过村子，大过镇子，大到整个世界。这不是胡吹乱抢。山高皇帝远，村里离京城远隔十万八千里。尽管老人们常念叨，茅池边的小路

❶ "狠"字表达了出百姓迫切的渴望和辛苦的付出。

❷ "密密麻麻""挨挨挤挤"贴切地说明了看戏的人多，"前头""后头""再后头"则写明了人们看戏时高低错落的层次，可见百姓看戏的兴趣非常浓烈。

能通京城哩！是说从院里可以走到村里，从村里可以走到镇里，从镇里上了官道，一直走，就可以走进京城，京城里坐着指天画地的皇上。说是这么说，那年头谁去过京城，更别说见过皇上。这就该说台子了，别看台子只占了磨盘大小的地方，可是，一眨眼皇上来了，还有皇后娘娘，跟着宰相、尚书，大大小小，络络缀缀的官员跟了一群，锣鼓旗伞，前呼后拥，一下子把京城，把金銮殿摆到众人眼前了。① 谁敢说这台子不大，大到把村子，把镇子，把整个天地都装在了里头。

当然，这种装法是假的。众人是圣人，圣人说得对：台上是假的，台下是真的。真龙天子，哪能眨眼工夫说到就到，到这荒山僻地的村落里来？那皇帝是戏子扮的，脱了龙袍，也是咱百姓花户。② 不过，只要上了台子，明知那龙袍裹着的是一起锄草犁地的弟兄，却也当成真的皇帝。这不，陈世美派人来杀秦香莲母子，母子战战兢兢，哭哭啼啼，哭得来人心软了，也跟着哭，哭，哭得台子底下全哭了。③ 女人哭就哭吧，男人也哭，那些刚烈得敢喊二十年后是一条好汉的男子竟然也泪答答的！哭够了，众人痛快了，都说，明知是假的，都跟着哭，图个啥！可也是，假的总是糊弄真的，真的还甘心情愿受假的糊弄，隔些时不受点糊弄心里还烦躁躁的，这是什么日子？

台上的日子过得很快。马鞭子一甩，转了一个来回，三两步就过了十万八千里；又一甩，再转个来回，又

① 充分说明小小台子能够包罗万象，这台子就是一个展示天地的舞台，它让封闭在村子里的百姓开了眼界。

② 把锄草犁地的弟兄当成真的皇帝，可见人们对看戏的入迷，看戏时感情的投入。

③ 看戏是当时那些乡亲们知晓过去、了解外界的一个窗口，人们通过这个窗口体会不同人物的处境，所以即便知道是假的也泪答答的。

是十万八千里,而且不是一人转,七八人便是十万大军,呼啦啦刮风一样到了脸前,真比响雷闪电还快。可要慢起来也慢得石头能化成粉末末。① 那老旦张开口,一波三折,弯了几道扭扭,扭了几股弯弯,飘旋到高天上去了,实在不能再高了,再高要顶破天了,突然还是高上去了,高到天外头去了。正担心高得咋落下来,忽儿一旋,翻滚了一圈,闪跌到深谷里了,听得人揪心地疼,怕把那音魂跌伤了筋骨。哪知道,稍一顿那音魂来了个鹞子翻身,早又腾进云团团上去了。听吧,听吧,听得咱做了一顿饭,听得咱锄了一畛田,那老旦抬起的腿还没迈进门里头去,是有些慢。不过,总体来看,慢是局部的,而快是全面的。② 众人看上一两个时辰,就把人家一辈子,或者几辈子的光景过完了,这还不快呀!

众人看台子的时候,台子也看着众人。众人从台上看到过去的悲欢离合,喜怒哀乐;台子从众人身上看到当下的悲欢离合,喜怒哀乐。众人觉得台上快。台子觉得台下快。③ 台子还倔倔地站着,原先看台子的众人早不见了,再来看台子的是先前那些人的儿子的儿子,孙子的孙子。台子惋惜台下过得太快了,太快了,就收留了众人。众人成了生、末、净、旦、丑,活化在台子上了。于是,现在的众人,从台上看到了先前的众人。台子先前看到的悲欢离合,喜怒哀乐,成了现在众人眼中的悲欢离合,喜怒哀乐。

❶ 采用夸张的修辞,生动形象地写出了老旦唱戏时声调的婉转变化,也写出了听众的反应和投入。

❷ 小小的台子不仅能够演绎大千世界,也能演绎古往今来,一台戏就能演几辈子的光阴。

❸ 台子还是台子,可是台下的人却在一直变,时光流逝,岁月匆匆,已是物是人非,台子下流动了几辈人,这几辈人也都来台子下看戏,这是文化的传承,也是人类的传承。

村子里是活着的现在。

台子上是活着的过去。

❶ 结尾抒发作者对岁月变迁的感慨，引人深思。

① 活着的现在看着活着的过去，看着，看着，自己也成了过去，自己也登上了让众人观看的戏台子。

延伸思考

1. 村子里为什么要建台子？

2. 台子在村子里也是一个非常小的地方，但作者为什么说"偏偏小台子却是大天地，大过村子，大过镇子，大到整个世界"？

3. 文中说"明知是假，都跟着哭""假的总是糊弄真的，真的还甘心情愿受假的糊弄"，这些句子表现了什么？

人　镜

名师导读

　　"以人为镜，可以明得失。"历史上英雄豪杰、爱国志士数不胜数，作者以谁为镜？文中多次采用设问的修辞，一层层给我们揭开"人镜"的面纱，让我们认识到一位清正廉洁、刚正不阿、孝敬长者的曹端。下面我们就到文章中去看看这是怎样的一面镜子吧！

　　① 不畏风冽，不畏冬寒，我又一次来到霍州署衙。

　　霍州署衙是全国仅存的州署衙门，文物有价值，风景也好看。旅游部门称之与北京故宫、保定总督府、内乡县衙一起代表了古代的四级官府。闻知，游人纷沓而至，摩肩接踵。我一来再来却不是为此，只是冲着一个人，这个人叫曹端。

　　明永乐初年，曹端在霍州署衙担任学正。置身于这阔大的署衙之中，像他这样的九品官可以列队成行，

❶ 作者特意交代了这次来霍州署衙时的天气，天寒风冽还前往，可见霍州署衙在作者心目中的位置，一个"又"字可见作者多次前来。

曹端不会显眼。显眼的是知州，然而那时的知州是谁，别说游人，即使是这里的上班族能说清楚的也寥寥无几。而对于官阶极小的曹端，却很少有人说不清楚。曹端著书甚丰，主要有《太极图说述解》《通书述解》《西铭述解》《〈孝经〉述解》和《四书详说》等10余种。后世学者推崇他承接宋代理学，堪称明初之冠。我不为动心，因为在灿烂的历史星空中比之华丽夺目的文人学士多得是，莫说孔孟和诸子百家，即使理学中的朱熹和程颢兄弟也比他出彩。

❶ 承接上文的"我不为动心"，引出下文对曹端的介绍。

① 曹端也有出彩的光色，著名的官箴"公生明，廉生威"就是由他的话派生出来的。永乐二十二年，即公元1424年，曹端的弟子郭晟科考中举，赴任前向他请教为官之道。他说："其公廉乎！古人云：吏不畏吾严，而畏吾廉；民不服吾能，而服吾公。公则民不敢慢，廉则吏不敢欺。"此话不胫而走，传至山东巡抚年富那里，将之提炼镌刻成碑，于是"公生明，廉生威"红盛九州。及至当代，仍有人津津乐道，成为规诫官吏清廉为政的标尺。对此我深怀敬慕，却还不至于一次又一次奔波膜拜。

❷ 用"照镜子"来点明文章主题，在此之前作者的语言都是为写"照镜子"作铺垫。

② 准确地说，我一次又一次前来不是膜拜，不是观瞻，而是来照镜子。唐太宗李世民曾说："以铜为镜，可以正衣冠；以史为镜，可以知兴替；以人为镜，可以明得失。"我以为曹端是一面最好的明镜。这面明镜的功能是自律，是言行一致，是知行合一。说透了也

简单，不过就是说到做到。这确实简单，简单到你可能会觉得这么低级的事情还需要照什么镜子？而且还要搬出一位逝去多年的古人，简直有点小题大做，多此一举。① 可是，恰恰就是这么低级的事情，要做到很难，甚至难到上下打量，左右环顾，不见一个人进入我的视野，包括我自己。当今之世，与曹端所处的时代相比，不懂道理，不明法律的人几乎没有。甚至，讲起道德、法律个个口若悬河，滔滔不绝。坐在台上的如此，站在台下的如此，闲逸在街头巷尾的也是如此。倘若指责起别人的缺点，都能鞭辟入里，从政纪到法律，批驳得对方体无完肤，自己俨然是明理守法的化身。然而，一扭脸，就是这明理守法的化身竟会冲着红灯大步流星地直闯过去。② 闯得堂堂正正，闯得旁若无人，倒好似宽阔的街道就是自家的庭院。因此，我不得不将曹端视为明镜，且不断临镜鉴容，规整行为。

③ 为何要以曹端为镜？答案很简单：他是自律的楷模，是知行合一的典范。何以见得？有事例为证：

曹端饱读诗书，推崇孔孟，所著书籍无一不在传布仁爱善行。敦促他人为善，自己首先躬行。他在霍州担任学正时，闻知学生王鉴母亲疾病缠身，无钱医治，立即赶到王鉴家中，探望宽慰，并且资助了自己 3 个月的俸禄。学生张诚父母双亡，和奶奶度日，家境贫穷，几近断炊，曹端也解囊济困。他的仁爱不是嘴上吹出的泡泡，而是行动留下的屐痕。

❶ 这句话蕴含着很深的哲理，简单的事情说着简单但是做到难，"上下打量，左右环顾"都找不到一个人，可见能做到的人很少。

❷ 有些人懂法却堂堂正正犯法，和"明镜"曹端形成鲜明对比。

❸ 承上启下，引起了读者的阅读兴趣。

❶ 引用曹端的话，既是对他的评价也能引出他孝敬母亲的事例，丰富了曹端的人物形象。

①"孝乃百行之源，万善之首。故之君子，自生至死，顷步不敢忘孝。"曹端在《夜行烛》中这样行文，在生活中也这样做人。他恪守孝道，诚敬备至。永乐十六年，曹端的母亲病故。身在霍州的曹端惊闻噩耗，悲伤欲绝。次日，他披发光脚，归家奔丧。一路上身掩草帘，风餐露宿，见者无不随之落泪。安葬母亲没多时，父亲也不幸病逝。曹端在父母墓旁搭棚守孝，自备碓臼，舂米做饭。他五味不食，淡粮充饥，日日如此，一守就是三载。我钩沉这段史事，不是要当今的人们复古，再去模仿曹端的行为，而是为他言必行、行必笃的品格所感动。

再看曹端如何践行他提出的公和廉。曹端受命去陕西主管乡试，对身边的从人说："取士要在公平。譬如盖房，用一朽木，必弃一良材。"话刚说过，就有人向他举荐朽木。举荐者是当地一位权势要员，按照惯例主考大人不能不给他这个面子。举荐毕，他敬候佳音，岂料只候到曹端一首诗："天道原是秉至公，受天明命列人中。抡才若不依天道，王法虽容天不容。"官员只能作罢，不敢再讨没趣。

❷ 既能承上启下，也点明了这个段落的中心，采用设问的方法，更能吸引读者。

②公至如此，廉又如何？自古迄今，多少英雄豪杰都栽在了金钱上、贪腐上，曹端能信守诺言吗？不必再打开古籍照录琐事，只要看看曹端的后事就一清二楚。宣德九年，即公元1434年，59岁的曹端身染重病，逝于霍州。叶落归根，本该送归故里河南省渑池县曹

滹沱村安葬，可是曹端却被孤身葬于霍山脚下。<u>①此是何故？</u>原来归里安葬，路途遥远，需要花费。一生清廉的曹端连这点积蓄也没有，只能就近掩埋。好在曹端并不凄凉，下葬这日，城里城外万人空巷，连生意人也关门罢市，恸哭扶柩。形容平民百姓对他的爱戴，真该借用当今一句流行语：金杯银杯不如人民的口碑。此情此境，为当时，也为后世率开先河啊！万历年间，刚正廉洁的海瑞去世也是如此情境，莫不就是曹端熏染的结果？

不论曹端能不能熏染到海瑞，已经熏染了霍州人民。志书记载，这里民风淳朴，讲信修睦。曹端活着如此，死后也如此。市井平民如此，乡村贫民也如此。有位打柴为生的樵夫，某日换得一升米回家，里面竟有一支金钗。这可是天上掉下个大馅饼，对于屋顶透风吹，家无隔宿粮的穷人来说，真是一笔不小的收入。<u>②然而樵夫不为动心，往返数十里归还主人。问之何故？回答是：怎能把学正的教诲当成耳边风！</u>

不是我把曹端视为做人的明镜，而是当时的霍州人就用他来镜鉴行为。曹端早就是一面明镜，一面严以律己的明镜。一个人律己，才能有所为，有所不为，成为无损于他人、有益于社会的人；一个家庭律己，才能尊老爱幼，甘苦与共，融洽和睦，同享快乐；一个社会律己，才能国泰民安，井然有序，互助友爱，和谐幸福。

❶ 采用设问的方法，有问有答，使故事情节起伏跌宕，突出曹端的清廉。

❷ 曹端的品行无声无息地影响了后人，就连打柴的樵夫也有别人都难以做到的品质，可见这思想上的熏染对后世的影响很大。

❶ 结尾再次照应题目"人镜"，表达了作者以曹端为镜，反省自新的决心，同时也表达了希望有更多的人以曹端为镜，形成严于律己、井然有序的社会风气。

① 因而，我以曹端为镜，时时比照，反省自新。也愿更多的人和我一起站在这面明镜的前面，鉴行明心。

延伸思考

1. 文章写到霍州署衙多次用"一次又一次"，这表达了作者怎样的情感？

_____

_____

2. 文章中举了关于曹端的几个事例，分别说明了他具有什么样的品质？

_____

_____

3. 文章的结尾有什么深意？

_____

_____

_____

第二辑 山水寄情

读万卷书，行万里路，古人为我们铺开人生最美的画卷。

同样是一座山，有人赞美其巍峨壮观，有人贬损其阻塞通途；同样是一条河，有人赞美其波澜壮阔，有人贬损其隔断两岸。

所以然者何？

胸怀异也，气质异也。

胸怀不同，气质不同，眼中的山水不同，思考的结论不同，落在纸面的文章自然也就迥然不同。

【江苏省2016届高考语文一轮复习】

阅读下面的文字，完成下列小题。（16分）

山中年馍

乔忠延

①云丘山，多么富有诗意的名字，它在吕梁山的最南端。传说，后稷出生时被遗弃却大难不死的那座山就是云丘山，他教民稼穑也是从那里开始，最早的耕植技术即由此传播开去。

②古往今来的文明极像山间的清泉，总会跌宕而出，蜿蜒着流往远方。云丘山亦然。灵秀的山水是农人生存的根脉，也是养育他们的家园。他们接过先祖的犁、耧、耙、耱，也接过前辈的风俗礼仪。当"民以食为天"成为他们的生命旋律后，几千年来，他们的日子几乎没有一步不践行在这无形的轨道上。即使在今天，要打开他们的往昔也不算难，仅饮食而言，就是一幅"仓廪实则知礼节"的鲜活画卷。

③过年是食物最丰盛的时节，在这最隆重的节日里，无论是城

里人还是乡下人都会歇息下来，欢度佳节。不过，过年对于山中的农人来说有着比城里人更为喜庆的意义。他们没有周末，春节是一年里唯一的假日，因而珍贵得一点也不敢浪费。尤其是女人，一年到头从没有闲歇的空隙，家里的老老少少要张口吃饭，解决的办法便是早早蒸好年馍，到时稍稍一热，轻省而又快捷。年馍，很早就成了山乡人的"方便面"。但是，谁要因此简单地看待年馍，那就辜负了五千年的文明积淀。年馍犹如一部发黄的古书典籍，没有一定的文化修养还真难读懂其丰富的内涵。

④大年初一，敬献在灶檻上的是一个很大的花馍。这花馍名叫枣山，由一个个裹着红枣的白面卷层层加高而成，高高的顶端还挺立着一个昂首啼鸣的大公鸡。大公鸡，大吉大利；大红枣，早早高升，一年美好的愿景都寄寓在这枣山上了。枣山献的是灶神，灶神是玉皇大帝派往凡间的工作队员，一年四季居高临下注视着农人的一举一动。若是铺张浪费，抛米撒面，他就会如实向天庭汇报。来年这家说不定会遭受天火烧房子、槽头死骡子的横祸。谁不愿意过平安日子？所以，每日每时都勤恳、节俭。就这样还怕万一有个疏忽被灶神抓住小辫子，因而，每当腊月二十三灶神上天时，还要带上些炒豆和糖瓜。糖瓜又甜又黏，让灶神甜蜜得不好意思说坏话，即使想说也黏得张不开嘴。炒豆是马料，是供给灶神坐骑的吃食。农人不仅尽心巴结灶神，还要把人家的坐骑也打点好。如此一来，灶神就只能上天言好事、回宫降吉祥啦！大年初一的爆竹声一响，即把前往天宫汇报的灶神又迎到家里。迎进门当然不敢怠慢，那高高大大的枣山就是敬献给他老人家的第一份厚礼。

⑤云丘山的年馍还有枣糕。枣山是敬祀灶神的，枣糕是敬奉老

人的。枣糕形如磨盘，是由一层面、一层枣合成的。面中裹枣，是要老人的日子甜甜蜜蜜；称之为糕，是要老人健康高寿。枣糕酷似磨盘是怀恋伏羲、女娲兄妹滚磨盘成婚的意思，是他们的成婚才繁衍出这众多的后人呵！谁会想到，这不起眼的年馍上竟有如此深远的文化意蕴？

⑥晚辈敬奉老人，老人疼爱儿孙。礼尚往来是云丘山人根深蒂固的习俗。收受了枣糕的老人回馈给晚辈的是花卷。别看花卷蒸着不复杂，白馍的层层纹理却像一朵盛开的花，这是象征年轻人风华正茂，愿他们的前程像鲜花一样美好。倘若晚辈还是个孩童，那就多了一份讲究，馍的形状如同一个很大的玉佩，当中再缀上一朵牡丹花，这是在夸孩子可爱得如花似玉。热情的赞誉、美好的祝愿不言而喻，年馍温暖着老老少少的心。一家人饭桌上吃的馍则叫卷子。年馍里头数卷子最好蒸，把发好的白面揉成圆圆的长条，剁开蒸熟即成。那形状顶圆底方，方可以站得端正，圆便于进退自如。该方则方，当圆则圆，方圆里面浓缩的是做人的规矩。这是勉励，更是自律，年馍哺育的不只是有形的肉身，还有无形的精神。

⑦云丘山的年馍里有远去的历史、古老的信仰，更重要的是它蕴含了民族的道德礼仪。年馍使"民以食为天"隐含了仁爱、孝敬、长幼有序等道理，不仅让人们吃饱肚子，安定天下，而且将家庭纲常、社会伦理，由年馍悄悄潜进人们的血脉神魂，一种稳固的社会秩序、和谐的山乡生活，就这么在农人的炕头上构建着，传承着，从遥远的古代直至今天。

（有删改）

1. "灵秀的山水是农人生存的根脉，也是养育他们的家园"这句话的含义是什么？请简要回答。（4分）

_____

_____

_____

2. 山中年馍"枣山"和"枣糕"有着怎样的寓意？请分别简要概括。（4分）

_____

_____

_____

3. 文章第一段重点写后稷传说，这在全文中有何作用？请简要回答。（4分）

_____

_____

_____

4. 请结合文本，简要谈谈你对过年吃年馍这种民俗的理解。（4分）

_____

_____

_____

中国有座人祖山

名师导读 ▶

　　中国有不少的奇山异景，可是人祖山却在作者心目中"雄峙"。这到底是怎样的一座山呢？它有着怎样的风景和历史呢？作者给我们讲述了人祖山的历史传说和人类的考古发现，最后总结出物质与精神并重的深刻道理，让我们在观景的同时深受启发。下面我们就到文中看看吧！

❶ 这段话告诉我们这座山在"我"心中的地位是挺拔和伟岸的，奠定了文章的基调，给这座山蒙上了一层神秘色彩。

　　平生行迹有限，可也阅读过不少崇山峻岭。泰山无比巍峨，华山无比险峻，峨眉山无比秀丽，黄山无比华美，虽然各有独特的风采，却只能屹立在我眼前。❶唯有一座山，自从我看到的那一刻起就高耸在我的心胸，迄今时光过去了几十年，此山非但没有动摇了在我心胸中的地位，反而随着我视野的开阔，学识的增长，更加挺拔，更加伟岸，成为一座任何人也无法撼动的神圣山脉。这就是位于山西吉县的人祖山。

人祖山！

看看这名字就不敢怠慢，不跪拜就有失礼之嫌。第一次看到人祖山是在 1987 年，我去游览壶口瀑布。那时候没有高速公路，也没有沥青道路，汽车只能在砂石路上颠簸蜿蜒。①蜿蜒来，蜿蜒去，蜿蜒得昏昏欲睡。是呀，长途奔波六七个小时，哪有不困的？蓦然，精神一振，睡意消散，那是因为树绿了，山青了，还有白云缭绕在空旷的沟壑间。更别说隔着车窗仍有鸟鸣声飞了进来，随着叫声侧目看去，往往不是抖着翅膀的花喜鹊，就是翩翩翔舞的野锦鸡。②雄伟的高山上出现了秀美的风光，哪里还舍得闭合眼帘，睁大，睁大，贪婪地观看，观看。就在此时，"人祖山"几个醒目的大字跃现在万仞陡崖。我赶紧叫一声停车，下来就攀上高巅，屈膝跪拜。

从此，人祖山就雄峙在我的精神世界。

古人云："祖宗虽远，祭祀不可不诚；子孙虽愚，经书不可不读。"我们中华民族历史悠久，悠久到上古、中古、远古，悠久到先秦时代、传说时代、神话时代，悠久到我们把自个的国家称为祖国。祖国，祖先缔造的国家，毫无愧色地称雄于世界四大文明古国。③而且，岁月的风尘弥散消解了其他古国后，我们的文明

① 连用三个"蜿蜒"，起到强调作用，可见道路的崎岖。

② 连用两个"睁大"，两个"观看"，可见风景对人的吸引力非常大，侧面衬托出高山上风景的秀美。

③ 拿其他古国和我们的祖国对比，其他古国是"弥散消解"，而我们的文明是"源远流长""光色不减"，充满了对祖国的赞美和作为中国人的自豪。

依然源远流长，依然光色不减。祖国，是每一个华夏儿女值得自豪的家园！

诚如此，我们才是一个追思怀远的民族，每年清明节千家万户都要祭祀先祖。在我的记忆里，祭祖胜于过大年。大年是个享受天伦之乐的团圆节，但是，在外地经商为宦的人们有要事可以不回来。唯独清明节是个例外，有天大的事也不能不回家，因为这是祭祀自家的祖先，坟茔没有香火，那可是大不敬啊！<u>①祭祀自个的祖先，有家族的坟茔，那祭祀人们共同的先祖该到何处去呢？这个在我心中徘徊了无数次的问题，在看到人祖山的那一霎间迎刃而解。</u>在这里，就在这白云深处，就在这峻岭峰巅，祭祀我们中华民族共同的祖先。

我十分赞叹古人的精明，赞叹他们将祖先冠戴在白云深处、峻岭峰巅，这绝美的风光之中。这是最初的想法，后来渐渐发觉这想法过于清浅，难道仅仅是因为此处风景独好吗？不是，绝不如此简单，还有令人陶醉的缘由。我们的民族由盘古劈开天地之后，随即就是造人。造人有两个版本的故事，一个是女娲抟土造人，一个是伏羲女娲成婚繁育子孙。<u>②抟土造人，抟什么土？造黄皮肤的人，当然要黄土。屹立在黄土高原上的人祖山黄土多的是。抟土离不开水，人祖山脚下就是奔流不息的黄河，取之不尽啊！原来，人祖山冠名于此绝非无源之水。</u>更为奇巧的是，造人的另

❶ 采用设问的方式，强调了人祖山的地位，使人对其心生敬意。

❷ 承接上文，是对上文疑问的回答——人祖山具有抟土造人的先天优势，也是女娲抟土造人故事发源于这里的印证。

一个故事在人祖山上也能找到踪迹。传说那次可怕的洪水退后，大地上只剩下伏羲、女娲兄妹二人。人类如何传续下去？天上传来要让他们成婚的声音，真是如此吗？他们不信，先滚磨盘，一人一扇，分别在两个山头推往同一个山沟，还真巧，两扇磨盘纹丝不差地合为一体。他们还不相信，那就穿针引线。伏羲拿线，女娲持针，两人各居一座山头，朝一个方向抛出，针线巧妙地穿合一体。就这样伏羲、女娲成婚了，孕育繁衍出了后人。① 这故事在民间广为流传，没啥新鲜的，新鲜的是人祖山既有滚磨岭，又有穿针梁，那美丽的传说在这里成为立体故事。

或许这只是一种精神的向往，或许这只是一种梦想的寄托。类似的故事，在外地也有耳闻；类似的地名，在外地也曾谋面。这似乎要动摇人祖山的根基，使之虚无，使之缥缈，虚无缥缈得难以置信。可是，且慢，且慢。就在人祖山麓，就在黄河岸边，镶嵌着一个柿子滩。默默无闻的柿子滩沉睡了好多年，好多年，突然苏醒过来，将上万件石制品、20多处用火遗迹，以及蚌壳、动物骨头和岩画慷慨奉献出来。这次考古被列入2001年中国考古十大发现的首位。② 看着这些蓦然露面的器物，考古学家心潮澎湃，犹如看见先祖竞相奔跑追赶猎物的场景，以及火塘边炙烤野兽的熊熊烈焰；犹如听见先祖以石击石敲打出的声音，以及磨棒擦过磨盘的响动。那烈焰胜过在人祖山看到壶口瀑

① 因为"滚磨岭""穿针梁"的存在，人祖山的故事更加立体而丰富。

② 祖先在人祖山活动的画面仿佛一幅画，展现在读者的眼前。作者写考古学家的发现，使人祖山的故事更加生动，更具吸引力。

布腾起的彩虹，那声音胜过在人祖山听到壶口瀑布迸溅的涛声。是啊，怎能不激动！谁还敢说人祖山是向往的臆想，是梦想的寄托？考古发现，让祖先的传说故事不再虚无，不再缥缈，变得实实在在，真真切切。只不过那时候没有文字，没有记载，一切尽在传言中，而我们将传言视为传说时代而已。

时光进入今天，摆脱城市的喧嚣，挣脱物欲的羁绊，我来到人祖山下的柿子滩，静心打量那些出土文物。①猛然，心灵受到强烈的震撼！震撼我的不是磨盘，不是磨棒，也不是众多的动物骨骼化石，而是崖壁上的岩画。岩画是由石色涂染上去的，看上去实在粗糙，实在稚拙，粗糙稚拙得有些不堪入眼。只是，千万不可小看这岩画，它向世人拓展出先祖的生活空间，不单是物质的，还有精神的。虽然活着要吃，要喝，要取暖，但是吃饱穿暖，不仅仅是继续要吃，要喝，要取暖，陷入纯物质生活的怪圈，而是，勾勾画画，涂涂染染，勾画涂染出一幅内心世界的画卷。面对着岩画，我禁不住汗颜，汗颜羞对祖先。如今的人们，吃的，喝的，穿的，更丰富了，取暖也先进多了，先进得祖先根本无法相比，似乎真是玩大了！②可是，低头沉思并非如此，大是大在对物质的占有，对财富的迷恋，心灵呢，精神呢，比祖先大吗？不见得，甚而小得根本装不下祖先那稚拙的岩画。

考古发现更让我对人祖山充满敬意，拙朴的器物，

❶ 这句话中采用"不是……也不是……而是……"的句式，突出强调了崖壁上的岩画震撼人心。

❷ 这句话充满哲理，岩画是祖先内心世界的真实展现，今人贪恋物质财富，却忽视了对精神世界的追求。

稚拙的岩画，真切展示出祖先物质与精神并重的行为方式。这可以反映往昔，也可以警示当今。面对那高山峰巅坐落的大殿，那大殿里坐落的先祖伏羲、女娲，我似乎听见他们穿越沧桑岁月的告诫：^①离开了物质，无法维持生命；离开了精神，无法获取快乐。谁失去了精神追求，谁就会丢失应有的快乐，即使把自己包裹成金人，也只能在烦恼的泥沼里苦苦挣扎。

人祖山呀，你让我明白了，祖先不只是给了后人肉体，还给后人铺设了行为的轨道。沿着这轨道推进生命的年轮，才不至于沦为脱掉鬃毛的走兽。

人祖山就这样雄峙在我的心胸，谁也无法撼动，谁也无可替代。大音希声，那山巅的风云变化，那草木的枯萎荣盛，无时不映照着芸芸众生。

❶ 这句话写出了物质和精神之间的关系，强调了精神追求的重要作用，点明了文章主题。

延伸思考

1. 文章要写的是人祖山，可是开头写泰山、黄山、峨眉山是什么用意？

_____

_____

2. 文中说"人祖山就雄峙在我的精神世界"，你怎样理解其中的"雄峙"？

_____

_____

_____

3.文中说人祖山给后人铺设了"行为的轨道",请你说说这种"行为的轨道"是什么？

_____

_____

_____

翻阅骊山

名师导读 ▶

　　有这么一座神奇的山，它不仅让地上的行人改变行走的道路，还几次让中国的历史改变前进的道路，这座山的名字叫骊山。作者以笔记的方式，给我们讲述了骊山与中国历史之间的联系，蕴含着深刻的哲理。

辑录感言

　　①自从人直立行走后，就在脚下踩出了路；自从地上有了路后，山就成了碍眼的东西，让人攀高爬低汗滴滴地喘息。人和山便有了矛盾。矛盾到后来人愤怒了，就要挖山填海。于是典籍《列子·汤问》中有了文章《愚公移山》。愚公家门前有太行、王屋两座大山，出来进去极不方便，因而，他就率领家人一起挖山。挖来挖去，感动了神仙，把两座大山背走了。这

❶ 这是两个递进关系的句子，句子简短但是充满哲理，写出了路和山的关系，引出下文的神话传说。

51

真是个动人的故事，可惜的是，如今太行、王屋二山还稳稳实实地耸立着。看来山能让人改道，而人要请山让道很不容易。所以，我们看见的道路总是围着山绕，即使从山里穿过去，顶大也是钻个蛛丝马迹般大小的洞洞，动摇不了山的根底。

❶ 这里采用对比的手法，突出了骊山的不一般，引出下文对骊山与中国历史的关系的论述。

①这山的威力够大了吧，令人一次又一次改道。但是，这山与骊山相比就差得远了！骊山不是让人改道，而是悄无声息地就让中国历史转了弯。那么，骊山到底有什么法术让历史改道呢？

我辑录几段笔记，请大家来解这谜吧！

笔记一：西周灭亡

❷ 这里采用拟人的修辞，把骊山拟人化，表现骊山自己无意参与世事的纷扰，可是周幽王的闯入，又使历史与骊山有了千丝万缕的关系。

世事的开端与骊山无关，与骊山的西绣岭上静谧安卧的烽火台也无关。②骊山绝不会想到有人会惊扰了自己的静谧，惊扰它的人不是凡人，是周天子，史称幽王。周幽王是周宣王的儿子，即位后就声色犬马，疏理朝政。宫中美女玩厌了，便广招天下佳丽。这时，岐山地震，山崩地裂，泾河、渭河、洛河尽被壅塞，洪水肆横，百姓流离失所。周幽王不顾不睬，依然寻欢作乐。大臣褒向忧心如焚，进宫劝谏：请周幽王远离女色，拯救万民。周幽王不听也罢，不该勃然大怒将褒向押入大狱。

转眼过了三年，周幽王日日贪欢，褒向却在狱中天天煎熬。褒向的儿子洪德一心要营救父亲，就投其所好，给周幽王进献个漂亮的女子褒姒。① 褒姒确实太漂亮了，不然，周幽王怎么会从此朝政不理，却与美人形影不离，如胶似漆。

褒姒虽美却从未启齿一笑。这是周幽王的缺憾，也是他追求的目标。他做梦都在想，要是爱妃一笑那可能比花容月貌还要醉人呀！周幽王决计要在美人的笑脸上醉一把了。

乐工击鼓鸣钟，美人不笑。

歌女展喉唱曲，美人不笑。

舞伎飞展腰肢，美人不笑。

周幽王急了，问爱妃喜欢什么。褒姒说，很小很小的时候，有一次挂扯了衣服，那声音很好听。

周幽王笑了，这有何难？国库里有的是丝绸，搬来撕扯。丝绸很快搬来了，宫女们不停地撕扯，撕完了一匹，又扯完了一卷，搬来的一大摞丝绸都扯完了，美人竟然还是不笑。

美人越是不笑，周幽王越是想要她笑，他公然颁旨，谁能让爱妃一笑，赏赐千金，加官晋爵。② 圣旨一下，虢石父出了个鬼点子，他要周幽王登上骊山，点燃柴草，戏弄诸侯一把，在烽火狼烟里欣赏美人的笑颜。

这鬼点子还真灵验。

周幽王拥着爱妃登上了烽火台，一声令下，烽火四起，烈焰腾空，顿时号炮冲天，鼓声如雷。各方诸

① 用周幽王的举动来写褒姒的美丽，比直接描写褒姒的容颜更有说服力。

② 这是误国的举动，可是周幽王居然采取了这个办法，可见周幽王的昏庸，也足可见褒姒的美丽异于常人。

侯带领将士匆匆赶来，跑得气喘吁吁，热汗流淌，骊山下却风平浪静，不见侵敌。诸侯正纳闷，只听周幽王说，没有战事，只图爱妃一笑。^①一时间诸侯将士怨声载道，偃旗息鼓，踏着黄尘疲惫地归去。褒姒看得惊奇异常，禁不住笑出声来。美人一笑，周幽王也乐得欣喜若狂。这把火没有白点，总算如愿以偿了！

不说周幽王奖励虢石父千金，只说不久后骊山告急真的燃起了烟火。那是西戎国的将士杀到镐京了，周幽王慌忙命令点火求救。可惜，火光熊熊没将来，狼烟冲天没兵到，各路诸侯以为又是周幽王和爱妃闹着玩呢！前回的怨愤还未消，谁也不当傻瓜再去上当。就这么西戎兵马闯入城中，杀死了周幽王，抢走了褒姒，放火烧了宫殿，在冲天的火光中西周化为了灰烬。^②骊山阻止了西周的运行，让历史的车轮转了个大弯，东周开始了。

笔记二：晋国变乱

没有想到已经淡忘的骊山突然又横卧在我的眼前。不，应该说是梗阻在晋国的历史车轮前面，稍不经意，就要人仰马翻了。

^③按说，晋国与骊山还有不近的距离，骊山即使再有威力，要干预晋国也鞭长莫及。偏偏晋献公头脑膨胀，率领大军征战到了骊山脚下。在晋国的兴衰史上，

---

① 将士们的怨声载道与褒姒的笑声形成了鲜明的对比，充满了讽刺意味。

② 这就是骊山与西周的历史渊源，历史因为这座山改了道，可见这座山的与众不同。

③ 本来骊山无法干预晋国，可是晋献公却征战到了骊山脚下，那骊山又是怎样改写晋国历史的呢？引起读者阅读兴趣。

晋献公还算是一位有点作为的君主。他安定了国内就向外扩张，一下消灭了霍、虞、耿、魏、虢、郇等16国，疆土面积扩大了好多倍，完全有力量称霸诸侯了。这时凯歌不断奏响，响亮的歌声令人冲动。晋献公一冲动，率领兵士杀过渭水，践踏了骊戎国，当然也就与骊山碰了个照面。不用说，那杀人放火的场景骊山看了个一清二楚。骊山无言，晋献公就退兵了，而且是喜滋滋退兵的。① 他从骊戎国君那里讨了两位如花似玉的女儿，带回来和自己同床共枕、共享鱼水欢乐了。这件事史书有载，《左传·庄公二十八年》写得明明白白。

原先晋献公就有5位夫人，这样一来就成了7位夫人。两位夫人各生了1个儿子，加上原有的3个就5个儿子了。5个儿子在君主里头不能算多，关键是立谁继位成了麻烦。如果车轮按照晋国先前的道路运行自然不会麻烦，可是，一趟骊山之行使本来不麻烦的事情成了麻烦。骊戎国君的大女儿是骊姬，生的儿子叫奚齐。这骊姬虽然没有褒姒那么娇美，也让晋献公神魂颠倒了。晋献公神魂一颠倒，晋国本来的秩序也就颠倒了。颠倒的起因是骊姬要自己的儿子奚齐继位，可是，晋献公早就立申生为世子，也就是接班人。无疑，骊姬要达到自己的目的，必须搬掉申生这块绊脚石。② 骊姬略皱眉头就有了妙计，她要借刀杀人了。她鼓动晋献公让申生带兵打仗，哪料申生命大，打胜了。但是命大也逃不出骊姬的圈套，申生归来，骊姬给他

① 按说晋献公退兵并得到两位美人，也看不出骊山改变晋国历史的痕迹，可是谁知道这两位女儿不是等闲之辈，下面我们就看看事情的发展吧。

② "皱眉头""有了妙计""借刀杀人"可见骊姬的心肠歹毒和奸诈，为了达到自己的目的不择手段。

接风洗尘。申生当然高兴,哪里知道当夜骊姬就在晋献公的怀抱里哭泣着说申生调戏她。她怕晋献公不信,还要他亲自观看。

第二天,骊姬约申生到花园赏花。一进园蜜蜂、蝴蝶就往骊姬头上乱扑,骊姬手忙脚乱驱赶不散。①骊姬喊申生帮她,他不能袖手旁观了,连忙为她赶蜂驱蝶。这时,躲在远处的晋献公见儿子在骊姬头上乱摸,蹦跳出来,大骂孽子,就要杀申生。骊姬却劝住他,家丑不可外扬!晋献公一听好感动,不仅放了申生,而且对骊姬宠爱有加。

骊姬在晋献公的怀抱里寻找新的机遇。机遇很快来临了,申生回都祭祀母亲,按惯例要把祭品送给父亲享用。②晋献公回来要吃那肉,喝那酒,却被骊姬拦住了。扔一块肉给狗吃,狗吃了,死了;端一杯酒给宫女喝,宫女喝了,死了!晋献公哪里知道这是他钟爱的骊姬做了手脚,当即大怒,下令捉拿申生。申生明白大祸难逃,自杀了。

申生死了,世子的位置腾开了。但是,论资排位还轮不到骊姬的儿子奚齐,还有重耳和夷吾。她略施小计,说二位是申生的同党,晋献公就派人去捕杀。重耳和夷吾见势不妙,匆忙逃到国外去了。就这样,骊姬的儿子奚齐当上了世子,晋国的车轮改道了。

如此安然下去也就算了,哪里知道这还潜藏着变乱,骊山非要遭扰骊戎国的晋国也承受遭扰。晋献公

1 这就是骊姬的"妙计"。她心肠歹毒,善于施计,晋献公却不分青红皂白,种下了祸根。

2 骊姬多次陷害申生,使晋献公深信不疑,导致申生自杀,这成了晋国的车轮改道的导火索。

死了，奚齐继位。大夫里克杀了奚齐，又用鞭子抽死了骊姬。大臣荀息又立少姬的儿子继位，里克又把她母子俩杀了。晋国大乱了。①这一乱使晋国丧失了称霸天下的机遇，晋国唾手可得的霸主地位，只因晋献公冒犯骊山而失去了。

❶ 总结了晋国大乱与骊山之间的关系，进一步写明骊山使中国的历史改道，写出了骊山的与众不同。

笔记三：盛唐不再

立秋没有几天，我站在华清池畔，面对骊山。②我似乎不是站在当代，而是跨进了唐朝的大门，感受着那由盛到衰，高空坠石般的落差。此时，密布阴云的骊山忽然露出了一缕亮光，仿佛是历史导演的一丝窃笑。

❷ 面对骊山为什么仿佛跨进了唐朝的大门？骊山与唐朝又有怎样的关系呢？这句话起到引出下文的作用。

在那窃笑里，我看到了盛唐。③盛唐盛到何种程度？那由宫城、皇城和外郭城组成的都城，堪称世界第一。宫城位于长安城的最北部，地势最高，是皇帝居处和处理朝政的场所。内中以太极宫为主体，坐落着16座大殿。皇城位于宫殿的南边，又叫子城，是中央机构所在地。隔过一条横街就是外郭城，而这条横街竟然宽达440米。不知道世界上古往今来还有没有比横街更宽阔的街道？外郭城是官吏和居民的住宅区，也是商业区。它以皇城为中心，向东西南三面延展，挺阔出东西南北各14条街道，裁划出108坊。古城规整得如同一个棋盘，大诗人白居易登上观音台向城中一看，

❸ 采用设问的方法，有问有答，写出了盛唐"盛"的程度，一个"世界第一"就是最好的评价。

禁不住胸中的波澜，激动地写下：

百千家似围棋局，

十二街如种菜畦。

❶ 写出了长安城的气象不凡，数字和对比的手法使说明更有说服力。

① 这唐朝的长安城真是气象不凡。据记载，那时的都城周长 36.7 公里，面积达 83.1 平方公里，是汉代长安城的 2.4 倍，明清时北京城的 1.4 倍。别的不说，清代皇帝喜欢以大清王朝相称，大了数百年还是大不过唐朝。这样的古都放到世界上比较也是首屈一指的，比公元 446 年修建的东罗马首都拜占庭大 7 倍，比公元 800 年所建的阿拉伯首都巴格达大 6.4 倍。盛唐之盛仅从宏大阔绰的都城也可以窥视一斑。

盛唐之盛，盛大得长安城也装不下了，盛大到骊山上来了。② 唐玄宗李隆基来到骊山一看，真是个好地方，山清水秀，既能冲浪，又能洗桑拿，美得不能再美了。很快，环山筑宫，沿宫建城，名为华清宫，也有称华清池的。那宫城是个什么样子的，杜牧那年从山边走过，留下了诗句：

❷ 李隆基在骊山建华清池，这样唐朝的历史又与骊山扯上了关系。

长安回望绣成堆，

山顶千门次第开。

宫殿之多，门扇之众，真可以和长安的宫城媲美了。只是外观的豪侈填塞不满李隆基感情的空落。于是，便有了杜牧接下去的诗句：

一骑红尘妃子笑，
无人知是荔枝来。

笑颜销魂的妃子是杨贵妃。杨贵妃吃着千里奔波的红骑送来的新鲜荔枝，露出了让李隆基神醉的笑容。李隆基的感情世界，此时不再空落，而且盈溢的浪花四处喷溅，溅到了骊山下的"莲花汤"，也溅到了贵妃沐浴的"海棠汤"。华清池成了他和杨贵妃歌舞饮宴的极乐世界。① 这就"回眸一笑百媚生，六宫粉黛无颜色"；这就"春寒赐浴华清池，温泉水滑洗凝脂"；这就"后宫佳丽三千人，三千宠爱在一身"；这就"春宵苦短日高起，从此君王不早朝"。

陶醉在温柔乡中的李隆基并不知道这样的放荡神魂将会导致流血漂橹、万户萧疏的惨况。突然间，安史之乱爆发了，"惊破霓裳羽衣曲"不说，而且"宛转蛾眉马前死"，而且"天旋地转回龙驭"。杨贵妃死了，李隆基"君王掩面救不得"。最可怕的是唐朝兴盛的景象从此像滚滚长江东逝水，一去不复返了！

② 这可能就是骊山的杰作，也是骊山最成功的作品。它不仅改写了大唐的历史，而且还成就了千古不朽的华章——《长恨歌》。白居易当年站在唐朝的峰巅

① 这里引用诗句，写出了李隆基对杨玉环的宠爱，也正是红颜误国间接导致安史之乱。

② 这里又是对骊山改写唐朝历史的总结，字里行间是对骊山的赞美，也是对昏庸君王的讽刺。

纵观了不凡盛景，后来又在满目疮痍里看到了国运的衰败，于是用《长恨歌》倾诉自己，也倾诉了对骊山的万千感叹。

辑录补言

写到这里，还有两件事情需要提及。这或许会进一步拨动你的思绪。

第一件事情是关于秦始皇的。他就躺在骊山的脚下。《中国历代史话》载：他（秦始皇）即位之初，开始预建陵墓，即骊山墓。陵墓高五十余丈，周围五里多，墓内修筑宫观殿宇，陈设各种奇器珍宝。①在陵墓东侧发掘出的 3 个兵马俑从葬坑，总面积为 2 万多平方米，出土陶俑及陶马约 6000 件，形状与真人真马相仿。兵马俑坑的布置，是按军阵场面排列的，体现了当年煊赫的军威。秦始皇为了修建阿房宫和骊山墓，征用刑徒 70 余万……由此可知，吞并六国的强秦的确强大。国强、军强，连帝王陵寝的陪葬品也强大得成为世界第八大奇迹。

导游说，秦陵风水最好。头枕骊山，脚蹬渭水，中间安卧的就是龙体。可是，如果秦始皇九泉下有灵，怎么也睡不着了。他一心要万代相传的家国天下，却怎么刚闭目就土崩瓦解了？这是什么原因？或许骊山会一清二楚。

前事不忘，后事之师。②骊山下的千秋变乱早该

❶ 用具体数字写出了兵马俑的庞大，也再次说明骊山与中国历史的关系。

❷ 采用设问的方式，吸引读者的阅读兴趣。

引起后人的警觉了吧？没有，这就有了我要说的第二件事情。看，骊山下又来了一个人，谁？蒋介石。蒋介石来了却没有睡稳，五间厅的枪声惊吓了他，他仓皇逃了出去却还是被活捉了。我去过那地方，盖了个亭子，叫作兵谏亭。这就是近代史上有名的西安事变。

说来真是有趣，一切的变乱都往着骊山下堆砌，堆砌得让人难以辨识骊山了！①骊山这貌美无比的肢体容颜里，为什么会潜藏着改朝换代的无穷动力？我悟不透。登山骊山之巅，坐看行云，俯瞰尘寰，想到的是老子的名言："人法地，地法天，天法道，道法自然。"忽然觉得，高巍的骊山与天耳鬓斯磨，早已将天道脉律，将自然法则，融会贯通，熟烂于心，因而便充当了天道自然的显形角色。我不敢再轻视自然，更不敢轻视像骊山一样的山川。

②翻阅骊山，让我对骊山充满了敬畏，似乎那就是上苍高悬的一把正义审判之剑！

❶ 这句话是作者的疑问，也是一个引子，引出文章的主题思想。

❷ 这句话是全文的总结，用一句话道出了翻阅骊山的真正意义所在，句子充满哲理，引人深思。

延伸思考

1. 文章在写骊山，为什么一开始要写愚公移山的故事？

_____

_____

_____

2. 你怎样评价文中的周幽王?

_____

_____

_____

3. 骊山为什么会有改变历史走向的力量?

_____

_____

_____

一个有灵魂的湖泊

名师导读▶

　　作者从风光秀美的千岛湖写起，中间写美女岛、毒蛇岛，最后落笔在海瑞岛上，重点写了海瑞的清正廉洁和刚正不阿，最后点题说千岛湖是世间唯一有灵魂的湖泊。文中多处采用衬托的手法，笔触细腻优美，让我们在欣赏美景的同时心灵受到震撼。下面我们就到文中看看吧！

　　① 去千岛湖看什么？

　　看风光。这没有错，千岛湖风光很美，是一幅壮阔的山水画卷，而且，是一幅颇懂取舍的山水画卷。取的是水，水阔大了，阔大到烟波浩渺，目光难以穷极；舍的是山，山缩小了，缩小为一个个馒头般的小岛。柔媚的碧水怀抱着铮铮钢骨，间或露出点峥嵘，便将刚柔相济把握得分寸得当。临湖一游，沉在心底的一首诗蓦然跃现眼前："一天秋色冷晴湾，无数峰峦远近

❶ 文章以疑问句开头，简洁而具有很强的总领作用。

间。闲上山来看野水，忽于水底见青山。"这首宋朝诗人翁卷的《野望》，算不上名诗，我之所以想起，是正好诗句切合了看到的景致。①无数峰峦远近间，是浩渺烟波间点缀着大小岛屿，要不怎么称千岛湖呢？这是远望。若是划一叶小舟，荡过粼粼波光，登上任何一座小岛近观清澈的湖水，都会"忽于水底见青山"。②而且，那峰峦绝对不是平日僵硬呆板的模样，个个随着水波摇晃着身躯，轻歌曼舞。这是何等少见的风采！

这风光确实很美，美得人足以沉醉身心。可是，主人似乎还嫌这风光不够繁丰，又在这风光里制造风光。于是，我登上了美女岛、毒蛇岛。恕我直言，美女岛和毒蛇岛都是我命名的。称之美女岛，是岛上引进的泰国歌者，亮开歌喉，扭摆腰肢，硬是将异域风情克隆在此；称之毒蛇岛，是特辟一地，挖池深坑，将长长短短的蛇养之如囚，打造出一个蛇岛供人观赏。真乃煞费苦心，不知是不是为伊消得人憔悴？

在这山水间浸染一番，我忽然察觉到自己的清浅。清浅在千岛湖早已进入我的记忆，我居然并不知道。只不过那时不称千岛湖，而称新安江水电站。那是在初中地理课上，老师讲到这儿不无激动，为新中国的建设成就而自豪，而骄傲。③随着老师的激动，我们似乎看到高峡出平湖的壮观场景，似乎看到粼粼碧波已化为万家灯火。青春喷薄的我们自豪着老师的自豪，骄傲着老师的骄傲。自豪和骄傲得充满向往，恨不能

① 这里写到远望千岛湖的景象，"点缀"一词贴切恰当，也说明了千岛湖得名的原因。

② 采用拟人的修辞，写出了峰峦在湖水倒影中摇曳波动的样子，拟人修辞赋予了峰峦人的情态，读来更有文学韵味，更形象生动。

③ 这里是当时上课时的想象，由老师的激动写到我们的想象，这是为祖国发展而自豪！

插翅飞去观赏。如今，已经置身其中了，全然不知这就是向往已久的那个地方，岂不清浅？

如果，这还仅仅是清浅的话，那下面的明白就让我深感愚鲁。愚鲁在我走进名扬四海的淳安古县城，竟然不识庐山真面目。知道淳安也是初中时，不是在地理课本，而是在历史教科书上，是因为淳安曾有个县令海瑞。①海瑞的清廉，为我们柔软的书本平添了风骨；海瑞的刚正，为我们沉闷的课堂平添了激情。从此，一个高昂的人格丰碑，便耸立在我的心中。我的愚鲁恰在这里，走近海瑞身边还茫然无知。

我急于弥补自己的过失，大步朝湖中的海瑞岛攀去。请允许我这么称谓，我将那落座于海瑞祠的小岛称为海瑞岛。既然美女可以独占一岛，毒蛇可以独占一岛，海瑞独占一岛为何不可？放缓脚步，沉淀身心，在这里静静品味海瑞。

明嘉靖年间，海瑞在淳安当知县。他刚直不阿，清正廉洁。别人设法巴结上司，要是和上司直接瓜葛不上，那就剑走偏锋，打通亲属子女的便道曲径通幽。海瑞却不，不要说剑走偏锋，就连送上门的曲径也要堵死，甚至不惜冒犯上司。浙江总督胡宗宪儿子在淳安就碰了钉子。②海瑞立下一条规矩，不管是达官，还是贵戚，招待一律从简。驿吏不敢铺张，饭菜未免寒酸。这可激怒了小衙内，别的地方肥吃海喝，还塞送银两。在淳安却遭受这般冷遇，令他怒火中烧，吊

❶ 两个并列句充分说明了海瑞清廉和刚正的作用，字里行间充满着赞美和激情。

❷ 这条规矩正是海瑞清廉的表现，是海瑞不媚上的表现。

起驿吏毒打。海瑞闻知，严厉惩罚这个衙内，还没收了他搜刮到的上千两银子。随即修书一封禀呈顶头上司，说是有人冒充他的公子胡作非为。胡宗宪哭笑不得，也只能打落牙齿往自己肚子里咽。

① 海瑞的清廉在今日被传为佳话，在其时却被人当成笑话。当然，笑话他的还是那些达官贵人。《明史》载，胡宗宪尝语人曰："昨闻海令为母寿，市肉二斤矣。"是啊，人活七十古来稀，母亲大寿只买二斤肉改善饭食，实在抠门。可是，燕雀安知鸿鹄之志？海瑞给母亲最好的祝福是挥毫写下一个"寿"字。这个字正看是寿，倒看是寿，更绝妙的是暗含着"生母七十"四个大字。如今这寿字被后人镌刻成碑，立在祠中。**②** 一个富有精神情趣的人，不会以占有物质为目的；一个富有文化情趣的人，不会拿豪奢的生活做炫耀。精神韵致、文化魅力，给人活力，给人自信。自信的人，总是把对世界和他人的索取放在最低点。海瑞正是如此，因而在淳安任上，"布袍脱粟，令老仆艺蔬自给"。勤劳俭朴，不是海瑞自律所得，而是习惯所致。良知若是化入一个人的血脉，就会习以为常地延续下去。海瑞把这美德延续到了生命的终点，身为二品高官，去世时家里只有"葛帏敝籯，有寒士所不堪者"。**③** 金都御史王用汲看到这些破烂的葛布帏帐和竹器，不由得流泪哭泣，哭毕集资为敛。出殡归葬之日，"小民罢市，丧出江上，白衣冠送者

① 这句话前后是转折关系，"佳话"和"笑话"形成对比，可见当时海瑞想做到清廉刚正是多么不容易。

② 从精神情趣和文化情趣两个方面说明物质的非必需性，具有很深的哲理。

③ 这里写王用汲哭泣和为其集资，可以从侧面表现出海瑞清廉的美德。

夹岸，酹而哭者百里不绝"。海瑞的躯体从此淡出了人们的视野，但是，刚直不阿、清正廉洁的品格，却长存人世，以至永恒。

千岛湖的海瑞祠至少是第三次修建了。首次是他离任不久，民间自发筹资而为，并且树起一块高大的"去思碑"。民间思念他，把他编进歌谣传唱："山上青枣青又青，苦煞山乡几辈人。熬到明朝嘉靖年，来了清官海大人。叫人传艺做蜜枣，青枣变宝换银钱。"人民想念他，为他立碑建祠自在情理当中。可能民力有限，殿堂低矮，于是，不久便有了第二次修建。明万历五年，知县吴天洪重修海瑞祠，将它移建到旧城对面的南山，恰好与县衙隔水相望。这很发人深思，按照世俗的陋习，后任恨不能把前任贬低得一无是处。站在洼地旁边，平庸也会见出高大，吴县令不会不懂这浅显的道理。① 他敢于耸起海瑞祠，而且还要树立在衙署对面，这是为自己树立做官的标杆，也是对自我的警示和挑战。我敬慕海瑞，无法不敬慕将海瑞作为精神向导的官员。不过，现今已难看到吴天洪建起的海瑞祠，千岛湖的生成，使之永远栖息在水晶宫底。刻下展现在世人面前的海瑞祠，是又一次移建。岁月的风尘淹没不了，世事的变易淘洗不掉，海瑞祠的屡次移建，更见海瑞在人们心中的不凡位置。

在千岛湖游走，由对美好风光的喜欢，不知不觉变为对海瑞的沉醉。我在海瑞祠久久不愿离去，久久

❶ 这一举动是后任官员对海瑞崇敬的表现，也是海瑞精神影响后世的表现。

① 千岛湖因为有海瑞而扬名天下，作者这样写紧扣主题，揭示了文章中心。

品味，久久感悟，增添了我对千岛湖的厚爱。① 走遍千山万水，看遍山色湖光，普天下哪一个湖敢和千岛湖媲美？因为，这是世间唯一有灵魂的湖泊啊！显然，湖魂就是海瑞。海瑞屹立在千岛湖，千岛湖就成为一面明镜。去别的地方临水鉴容，映照的只是颜脸，而这里比照的是人心，是灵魂。由此，我对祠前的那副楹联特感兴趣：

忧世匡时，刚烈肝胆昭日月；

依山傍水，巍峨祠宇壮湖天。

若需要横批，我想添加：湖魂鉴心。

② 写出了作者对千岛湖牵挂的原因，海瑞的精神永远屹立在人的心目中。

② 几年过去，我仍牵挂着千岛湖，有海瑞这湖魂，还怕不亮丽，不醉人吗？美女可以休也，毒蛇可以休也。

延伸思考

1.作者本意要写海瑞岛，为什么不开门见山地写而是先写毒蛇岛和美女岛？

_____

_____

_____

2. 从海瑞严惩小衙内的事件，可以看出海瑞除了清正廉洁、刚正不阿以外，他还有哪些智慧呢？

_____

_____

_____

3. 你怎样理解作者在文章结尾处给楹联添加的横批"湖魂鉴心"的含义？

_____

_____

_____

石柱醉绿

名师导读 ▶

　　这是一片彻头彻尾的绿，这是一片令人心醉的绿。作者用浓笔重墨和多种巧妙的修辞描写了石柱的绿，其目的是告诉我们"绿水青山就是金山银山"的道理。本文不仅给人视觉上的盛宴，还蕴含深刻的哲理，指出人类发展的方向。下面我们就到文中一饮这石柱的绿，醉在这满眼的绿色之中吧。

　　一到石柱县我就醉了。醉翁之意不在酒，在乎山水之间。山水醉人不在山高，不在水深，在乎山清水秀，处处皆绿色。石柱这绿，可不是皮皮毛毛的绿，肤肤浅浅的绿，而是彻里彻外的绿，彻头彻尾的绿。① 调出沉浸在心底的古诗词比照石柱这绿，该是"春来江水绿如蓝"的绿，该是"万条垂下绿丝绦"的绿，该是"千里莺啼绿映红"的绿，该是"绿树阴浓夏日长"的绿，也该是"芦管卧吹莎草绿"的绿。似乎白居易、

❶ 这里采用引用和排比的修辞，写出了石柱县的绿包含各种各样的绿，增强了语言表达的效果。

贺知章、杜牧，还有急步后尘赶来的高骈，在石柱来
了个类似群贤毕至的兰亭盛会，才留下这些千古名句。

之所以会有这么美妙的畅想，是石柱无处不在的
绿色唤醒了我沉寂多年的激情。石柱犹如一幅立体画
卷，无论你从哪里来，都绿得赏心悦目。①你从低处来，
头上是绿的，绿树如冠冕；你从高处来，脚下是绿的，
绿草如地毯；你从水上来，岸边是绿的，绿竹如侣伴；
你从陆路来，田里是绿的，绿禾如漆染。绿得让从荒
寒北国来的人，艳羡得眼睛里能流出垂涎；绿得让从
秀媚江南来的人，也禁不住咂嘴吐舌，自愧家乡弗如。
是啊，若是朝历史深处眺望，你会发现，石柱绿得根
深蒂固，绿得源远流长。

不过，这绿色的传续不是没有波折，而且曾有可
怕的断代危机。

石柱是土家族自治县，土家族的先祖是廪君。廪
君是一位视绿色如性命的头领，他栖身的房屋被今人
称作吊脚楼。今人的吊脚楼是由木柱和木板组合而成
的木楼，而廪君的吊脚楼除了非横搭不可的木头，竖
立的全是绿叶摇曳的树木。②从传说中瞭望廪君那吊
脚楼，就好像有巢氏挂在树上的"鸟窝"。廪君不只自
个儿如此，还要族人也如此，尽量不要伤害树木的性命。
可惜，后世子孙根本没能理解廪君的苦心孤诣。廪君
去世后，追求舒适的族人，渐渐淡忘了先祖的规矩。
砍伐树木，搭建阔绰的吊脚楼相沿成习。不觉间一座

❶ 采用比喻和排
比的修辞，将这四
种事物的绿描写得
震撼人心。

❷ 采用比喻的修
辞，把人们少见的
吊脚楼比喻成人人
都见过的鸟窝，生
动形象，使人更加
容易认识吊脚楼的
特点。

座绿树覆盖的山脉，先谢顶，再秃头，继而光了身肢，裸露出石头泥土。一旦起风，沙砾尘土，扑面而至，头脑膨胀的人们竟未意识到这是自然发出的警示，并没有收敛毁林的放肆。灾难不可逃脱地来临了！^①突然有一天，黑云压顶，暴雨如注，山巅的泥土顺流倾泻，莽撞肆虐，淤塞了河道，冲跑了木楼，不知多少人被翻卷的浊流卷走，死无葬身之地……

❶ 这里是对灾难场面的描写，这种灾难是大自然对人类砍伐树木的惩罚。

天开日出，侥幸存活的族人看着倒塌的吊脚楼，残破的锅碗瓢，无不悲伤落泪。唯有头人顾不上哭泣，匆匆带人搭起祭坛，敬奉三牲，点燃香火，祈求先祖庇佑。^②说也奇怪，当日夜晚，一只白虎出现在头人的梦境。抬头细看，竟是逝去的廪君。廪君比失去家园的族人还要忧戚，留下一句话转身而去。但去时不再是廪君，还原为初现身时的那只白虎。头人始知，先祖廪君化作了密林里的白虎。至今，土家族仍然沿袭着供奉白虎先祖的礼俗。^③搁下礼俗暂且不说，单说廪君留下的话，"砍伐绿树树无语，伤害人命命难逃"，像惊雷一般震慑着头人的心魂。他幡然醒悟，祸福在天，因果随人。次日，头人即带着族人饮酒盟誓：谨遵先祖训示，栽树植绿，重造家园；若要有违，雷劈龙殛！自此，土家人守土如命，视绿如命，栽树植绿，成为嵌进光阴里的习俗。

❷ 通过传说来写廪君对族人的牵挂和担忧，表明了廪君心怀族人的高尚情怀，为后人谨遵廪君教诲埋下伏笔。

❸ 把廪君留下的话比喻成惊雷，生动形象地写出了这句话的分量和对后人的警示作用。

时光远去，岁月沧桑，万事万物都在变化，土家人与绿色生死相依的习俗却一直未变。各家各户神龛依旧，神龛上供奉的白虎牌位依旧。每每过年，家家都要虔诚拜祭。每每拜祭，人人就会想起先祖的训示。精心呵护与土地共存亡的每株绿色，成为祖辈传续的铁律。祭过先祖下田去，庄稼地里种植绿，大田绿到大山跟前还在往前绿；祭过先祖上山去，沟壑峰巅栽植绿，高山绿到星月边沿还在往上绿。如此，天天绿，月月绿，岁岁绿，绿得山也清水也秀仍在绿……

石柱人，世世代代务植绿，子子孙孙呵护绿。要居住，小心翼翼把房子盖在绿树旁；要行走，小心翼翼把道路修在绿树丛；要过河，小心翼翼把桥梁架在绿水上；要吃饭，小心翼翼把种子育成绿禾苗。①一条一条，是绿树掩映的道路；一座一座，是绿树掩映的房舍；一片一片，是绿树掩映的村落；一大片再加一大片，就成了绿树掩映的县城。无论现代化的呼声再高，再高，绿化家园的呼声不能低沉，不仅不能低沉，还要始终如一，高歌猛进；无论城市化的步伐再快，再快，绿化家园的步伐不能缓慢，不仅不能缓慢，还要始终如一，勇往直前。这才有了石柱的立体画卷——绿水青山。

绿水青山就是金山银山。

一道电波将一个洪亮的声音响彻一个时代。石柱人豁然猛醒，顿悟自己的家园就是金山银山，而且是祖祖辈辈受用不完的金山银山。旅游大幕拉开了，四海宾客涌来了，石柱不再是石柱人的石柱，石柱已是

❶ 这四个句子从句式上看是并列关系，但是在内容上是递进关系。这里路、房、村、县城都是绿的，一片片绿色相连就成了绿色的县城。

① 采用比喻的修辞，生动地诠释了"绿水青山就是金山银山"的含义，因为石柱的优美环境为石柱的百姓带来了巨大的经济利益。

天下的人石柱。^① 石柱的山山水水，转眼间化作绿色超市，绿色银行，每一片树叶，每一朵花瓣，似乎都是飘扬的钞票，闪光的金币。全域旅游，令石柱的优美环境成为永不枯竭的活体资源。

就这样，我走进石柱，醉卧在绿水青山中。不醉能行吗？看到的是绿色美景，听到的是绿色松涛，呼吸的是绿色气流，夜里酣睡，融入梦幻的还是绿色仙境。^② 身在绿中徜徉，心在绿中滋润，灵魂也在绿中陶醉，这才知晓：酒不醉人绿醉人，醉得酣畅淋漓，醉得五体投地，醉得禁不住感叹：不辞长作石柱人。

② 这里照应文章题目紧扣一个"醉"字，写出了作者对石柱绿色的喜爱，对石柱人重视环境、重视绿色发展理念的赞美。

延伸思考

1. 文章题目是"石柱醉绿"，你对文中的"醉"字怎样理解？文章又是从哪些方面来展现这个"醉"字的呢？

_____

_____

2. "石柱犹如一幅立体画卷，无论你从哪里来，都绿得赏心悦目。"请对这句话进行赏析，并说明它在文中的作用。

_____

_____

3. 文中插入石柱曾经被风沙暴雨袭击的故事有何用意？

_____

_____

天成风流漓江水

名师导读 ▶

我们知道漓江的水清，知道漓江的水绿，但是我们不知道漓江的水弯，漓江的水直。在作者笔下，漓江的水弯得大大方方、随和圆润，直得恰如其分、难能可贵。文章通篇富有生命力的语言给我们展现了一个大方、宽怀、老练、智慧的漓江。下面我们就到文章中去观赏漓江的风光吧！

船行漓江，向前看去，水往山中流，让人忧虑水到山前疑无路，该往哪里去呢？^①然而，游船缓缓行进，没等逼近那山，却见水在岭中，在峰间，悄无声息地掉了个头，扭了个弯，轻手轻脚地去了。不见这江水对那山的恼怒，怨恨，也没见这江水对那山的拍打、攻击。漓江应用了自身的宽怀，将碧水结构成一种山间灵秀的自然。宽怀的结果，使漓江曲径通幽，更具有山重水复的美韵，也使这江、这水，少了急湍，少

❶ 采用拟人的修辞手法，生动形象地写出了漓江水拐弯拐得自然，拐得悄无声息，写出了漓江平和、宽厚、谦虚的情态。

了波浪，少了断崖绝壁，少了礁石险滩。

回头往后看去，身后的来路，近处可见水流，水迹，远处已是粼粼一片了，再远处又是山了。①是那颇显奇崛的山，是那露尽峥嵘的山，那山摩肩接踵已经紧紧连为一体，锁合了所有的空隙，似乎在那里水并不存在，并没有那么一条清静柔和的江流。可漓江恰恰是从那儿来的，而且，我可以见证，刚刚乘船从那严实的山中漂流过来。是的，只一忽儿漓江即消隐了身后的踪迹，不像世间那些浅显的徒儿，硬要把过去的琐屑演义和显摆成人为的辉煌。

②漓江默默负载着船只前行，也负载着我和游人前行。游人和我无疑是在漂游漓江。不过，更多的目光，或者说那目光用于的时间，更多的是观赏两岸的山势。最为明显的写照是，相机的镜头总是指向那崛起的峰峦。每见一种突兀的山岭，游人就慌忙举起手来，将相机对准山岭，似乎拍不下山的倩影就抱憾终生。

然而，有几人曾经想过，正是得益于水，得益于舟下汩汩流淌的漓江，才能这么舒缓地行进，才能极目两岸那别开生面的林林总总的峰峦和山岭。也许这是无意的忽略。可无论有意还是无意，只要是忽略，都是对漓江的辜负。③但是，漓江平静如常，不怨，不怒，表现出的似乎是一种麻木，一种迟钝，一种愚鲁。不过，若是用不惑的岁月去度量这麻木、迟钝和愚鲁，就会发现那才是人生修炼到最高境界的返璞归真，才

❶ "奇崛""峥嵘""摩肩接踵"这几个词语生动准确地写出山的高峻、险恶、连绵不断，再次通过山衬托出水的清净柔和。

❷ "默默"一词和后文游人用更多的目光观赏山岭形成对比，漓江沉默不语但是负载着游人，用拟人的修辞来展现漓江平和、宽厚的情态。

❸ 游人对漓江的辜负和漓江的平静、不怨、不怒形成对比，侧面表达对漓江宽怀和容忍的赞美。

是生命大彻大悟后的宽怀和容忍。不是说，人类一思考，上帝就要发笑吗？漓江却不，对那些追寻和思考的人们，漓江没有动容，依旧平静如初。① 发笑的年岁早已过去了，过去了的青春虽不再来，可青春留下的经历已炼制成漓江最宝贵的财富。比之上帝，漓江似乎更老练些。

曾经读到一位作家对桂林的评价：画山绣水。山是画的吗？不似，既是画山，那也需要吴道子这样的大手笔。画与不画，这里我姑且不论，至于说水是绣的，我则以为那就大错特错了，至少说，这种说法还缺乏对于漓江的应有理解。在我看来，画也好，绣也好，皆脱不开一个"制"字，或者制作，或者制造，或者把层次搞新鲜点，换个新名词——研制，只是制作方式的不同而已。既是制，必然有个过程，不会一蹴而就，不会浑然天成。而今天，我站在这游轮之上，前后眺望，仔细品吟，怎么也看不出这江水与山峦，与平畴的焊接痕迹来，不见天工，不见斧匠，一切都是那般天衣无缝，风流自然。

② 漓江这水，随兴到极致了。想直就直走，想弯就弯绕，想快就快行，想慢就慢爬。到了高兴的时候，便清清脆脆地亮出几嗓子，不管你听得是否过瘾，她唱够了，立时就沉寂不语了。偶尔高歌，也不是怒吼，不是咆哮，声响中没有威严，没有厉势，看似平平淡淡，可每一声都是纯正的心律。尽管那声响的外形远远不

① 这句话充满哲理，漓江的平静是经历了青春的青涩后沉淀而成的，这种平静是一种返璞归真。

② 采用拟人的修辞，赋予漓江人的情态，生动形象地写出了漓江"随兴"的特点，它的"随兴"随得自然，随到极致，是一种难以达到的境界。

如甜脆的溪流和山涧，可是，也极像原始森林的地表上刚刚脱颖而出的嫩芽，透过千百种掩映更见其生命的勃发之力。

❶ 这个句子紧扣一个"直"字，对漓江的"直"进行了高度的概括和赞美。

①至于漓江那直，更具有直的技艺，不是毫不节制的耿直，也不是蛮横无理的直撞，而是随和的直，当直则直，直而有度，哪怕只直了一分一寸，在这里，在这时也是恰如其分的，也是难能可贵的。若是品赏漓江的弯，那更有味了！弯，是人习惯评价为不幸的东西，似乎谁和弯搭了界，谁就有扭曲之嫌，这扭曲便是道德、情操乃至人格的堕落，好玄好玄！于是乎，随俗的大流就不断显摆自我的正直，即使根本没有直路可走，也硬要往悬崖峭壁上冲撞。结果非但没有撞开生路，还活活折杀多少无辜的生灵。相比之下，漓

❷ 再次用拟人的修辞来写漓江的"弯"，漓江的"弯"大方、自如、随和、圆润，这种品质是作者所欣赏的。

江的弯多，倒是有了个性。②漓江不怕人指指画画，说三道四，没有羞羞答答，遮遮掩掩，而是大大方方地拐弯，拐得自如，拐得随和，拐得圆润。江流一个弯连着一个弯，真真弯出了世间少有的胆量和风度。这种直和弯的气节，岂是人间工匠绣得出来的？不知他人如何看待，我是大有疑惑的。

在漓江漂游，最忙碌的是导游。导游的嘴一刻也不停闲，对着手中的话筒，连连呼喊，一会儿指点九马画山，一会儿指点净瓶卧江。不时还出来个传说故事，那故事不是男欢女爱，就是仙女下凡，总给人一种似曾相识的感觉。

① 这时候再看漓江，漓江仍是沉静的，寂然不语，丝毫也没有把自己装扮成一位智者，一位颇有见地的先贤。漓江只是履行着一位驮夫的角色，默默无闻地将你将他将我驮来，驮到这林立的山峰之间，让你观看，让你发现，让你消受。漓江绝不把自己的一孔之见，当作千秋辉煌而光焰万丈地照耀你。可悲的则成了导游，你再看那举止，听那言辞，忽然想到特定历史条件下报刊上出现的小评论，或者是时下某些专栏作家的普遍造诣，明明是些陈词滥调，是些千人一面的货色，唯恐世人说江郎才尽，硬要滔滔不绝地倾诉出来。② 这种作派违拗了漓江的一片好意，影响了漓江素有的娴淑风韵。可漓江却不吭不哈，默认了。

偏偏有那么些人，不知哪家的票子鼓圆了自己的腰包，花钱的胆子出奇大，桌上摆满了菜，上好了酒，并不过瘾，还要大呼小叫地猜几拳，争个高下。顿时，噪声飞起，滋扰了漓江千秋的静谧，万代的柔意。有人好奇地围了过去，对之的兴趣似乎比对漓江山水还要浓烈，有人则扭转脸去不屑一顾。漓江对此作何反应？我看漓江，漓江依旧如故，我行我素，没有丝毫的怨怪。若是细心的人则会发现，在素常的平静中，漓江很快收拾了这雀起的喧闹，动作之麻利，之迅捷，让人想到在餐桌边彩蝶般轻盈来去的服务小姐。只是漓江在完成这一切时，没有留下让人注意的身姿，却将那鼓噪的声音打扫了个干干净净，无踪无影。好个

① 采用对比的修辞，漓江的沉静和导游的嘴一刻也不停闲形成对比，漓江深沉、智慧的特点被生动地表现出来。

② 面对"违拗"，漓江依然不吭不哈，这又是何等的胸襟和智慧？何等的娴淑和风韵？表现出作者对漓江的赞美。

高明的收拾！

① 在漓江泛舟，不能不观赏水中的倒影。岸边所有的景物，都可以在水中找到自己的姿容。看山，是山，高低错落的山，与岸上的形态似乎别无二致；看树，是树，摇摇摆摆的树，与水边的绿荫几乎一模一样。甚而，一处屋舍，一头水牛，以及刚刚在江中拎起一桶水回眸朝游人发笑的姑娘，都是漓江美妙的风景。仔细品赏，这水中的风景与岸上的物什又有些不同，不同点恰恰应和了艺术的某种规律：在似与不似之间。② 所谓似是外形的相像，水中的形象是岸边姿容的真实写照，自然也就不乏逼真了。所谓不似，则是指神采。岸上那山，是别具一格的山，是超群拔俗的山，是孤傲卓然的山，决然没有混同他处山势的奢求。那山有着自己的个性，任你凭借自我的阅历和心性，把他联想成大象饮水也好，骆驼苦旅也好，他都没有什么怨情。山就是山，既然有横亘的，有连绵的，为何不能有如此简练而又突兀的？因而，桂林的山也就突兀了。尽管这突兀没有那纵横连绵的突兀险峻，可是这罕见的奇崛也足令世人刮目相看了。当然，这奇崛的突兀是稳定的，是凝固的。这稳定和凝固给了山一种恒久的耐力，却也使之少了几分生动。这是事实，无法改变的事实。③ 这事实似乎在强调一切事物都难以完美的世理，总是有着或多或少的缺陷，或多或少的遗憾。这事实似乎又是一段有意的留白，让江水的精灵来弥

① 这是一个承上启下的过渡句，由写水上之景过渡到写水中之景，这水中的姿容又是怎样的呢？过渡的同时引起读者思考。

② 水中的山生动，岸上的山稳定凝固。这句话虽然在段落的中间，但是也引出下文对岸上的山的描写。

③ 这段说理是点睛之笔，万物都难以完美，但是只要物与物之间相互映衬，就能弥补缺憾。这是文章中心思想的体现和升华，充满哲理，令人回味。

补群山的缺憾，在赋予山水灵性的同时，展示了映衬的不凡效应。

于是我看到的漓江水是平的，是缓的，平缓中的水没有浪，只有波。波也不大，粼粼涌动的碧波不急，不闹，准确地说只是一圈一圈，一环一环的涟漪。随着那涟漪泛动，映在水中的山也蠕动了，并且动而不乱，动而有律，绝似轻音乐导引下的舞蹈。舞蹈着的人，翩翩翔飞，飘然若仙；舞蹈着的山呢？此时此刻，那水中的山，绝不是岸上板着面孔站定的山，绝不是一味要用凝固来标榜自我稳定的山，而是水中艺术化了的山，起码也是注入了漓江血脉的山，这山也就有了少见的生趣和灵性。

漓江用自己的情愫和灵性，映现和再造了两岸的山。① 山水一体,浑然天成,方有了这景物的风流,或许,这也是桂林山水甲天下的因由吧！

❶ 文章结尾紧扣题目中的"天成风流"，点明"桂林山水甲天下"的原因，山水相依，山水一体，相互映衬，方能有这"甲天下"的风流。

延伸思考

1. 为什么作者说漓江的水不是绣的？

_____

_____

_____

2.文章本来要写漓江的水,为什么用大篇幅的笔墨来写漓江两岸的山呢?

_____

_____

3.作者笔下的漓江好像一位有血有肉的人,你读了本文后从漓江身上学到了哪些品质?

_____

_____

_____

第三辑 师法自然

愚公移山，那是人类童年时发出的一声浩叹。这声浩叹是志在屹立于天地间的宣言。

就在这声浩叹里，人类摆脱弱肉强食的食物链，渐行渐远，成为这个星球的主宰。进而，开始探索别的星球了。

我们应该留下这声浩叹里的壮志，却不敢丝毫藐视自然。人类曾经向自然索取，索取到肆无忌惮。风沙弥漫，大气污染，生态文明不得不成为时代的企盼。

生态文明写照的就是师法自然，认识自然，顺应自然。

作家带你练

【2017 年（鄂豫晋冀陕五省联考）高考语文训练】

阅读下面的文字，完成小题。（25 分）

笛声化作民族魂

乔忠延

①昆明甬道街边的聂耳故居很平常，三间土木结构的房屋，好在是两层楼。严格地讲，这不是聂家的祖业，而是房东杨家的房产。聂耳就出生于这里。他童年在这里度过，直到十八岁振翅远飞。

②进入院落，悠扬的音韵便萦绕在耳畔。不过，那并不是《义勇军进行曲》的旋律，而是竹笛吹出的稚嫩音韵。对这笛声，小学课本中有篇文章曾有还原，"悠扬的笛声飘扬在林间小路上，许多行人被吸引了，都站在细雨中静静地听他吹笛子"。确实，聂耳能把笛子吹得优美迷人，但是，那其实是后来的事，是聂耳勤奋地拜师学习提高技艺的结晶。先前并不是这样的，他吹出的笛声不悠扬，也不婉转，甚至有些刺耳。教聂耳吹笛子的师傅姓邱，名字如同姓杨的房东一般，没人记得。可是，若是没有他的启蒙教导，就不会有

后来响亮于神州大地的聂耳。而且，这位邱师傅还不是音乐教师，只是一位木工。吹笛子是他做木工活儿歇息时的业余爱好。

③勤奋好学，让聂耳叩开了通向音乐的门扉。不止如此，勤奋好学也让他叩开了通向知识的门扉。聂耳上学不久后，父亲便去世了，家庭陷入困境，连他的学费也没有着落。母亲卖掉心爱的八音钟才凑够学费，可还缺书钱。在学校里，聂耳长知识，长思想，随着个头的增高，眼界也更加开阔了。他看到祖国积弱积贫，时刻梦想着国家能富裕强大。他把满腔热情寄托于变革，为之呼吁奔走，并鼓动同学和自己一道呼吁奔走。然而，时局能忍受弱贫保守，却容忍不下激进变革，聂耳被列入另册，难以在昆明再待下去，只有告别昆明。

④离开昆明后，聂耳飘零到上海，靠在商号当伙计维持一日三餐。还是音乐，改变了聂耳的境遇。有一天，他看到《申报》刊出联华影业公司音乐歌舞学校招收学员的广告，身上沉睡的音乐细胞马上被激活了，便去报考。担任主考官的音乐家黎锦晖，一眼看出聂耳身上潜在的音乐天赋，因此录取了他。成为歌剧社的一员后，聂耳如鱼得水，他担任首席小提琴手，但是只要是歌剧社需要的事，他都主动干。时不时还上场演出，要么扮演卖臭豆腐的小贩，要么扮演一身乌黑的煤矿工人。他才华横溢，活泼可爱，大伙儿见他耳朵大，就亲切地叫他"耳朵先生"。叫着叫着，干脆就叫成了"聂耳"——事实上，聂耳的原名是聂守信，此后称聂耳才名副其实。

⑤就在此时，"九一八"事变发生了。日寇侵犯，东北沦陷。聂耳不再只想着歌唱，他要呐喊！他结识了作家、诗人田汉，参加了革命音乐组织，开始为电影和戏剧创作主题曲和插曲:《大路歌》

《开路先锋》《码头工人歌》《毕业歌》……聂耳创作了一首又一首明快激昂的歌曲，他要用歌声惊醒沉睡的雄狮，用歌声点燃焚烧侵略者的烽火！

⑥聂耳的激情在蕴积！聂耳的怒火在燃烧！

⑦1935年，一部以宣传抗日救亡为主题的电影《风云儿女》开拍了。这是一部电影，更是呼唤共同抗日的呐喊。剧组在呐喊，聂耳也加入了呐喊——聂耳的呐喊声化作了这部电影的主题曲《义勇军进行曲》。

"起来！不愿做奴隶的人们！把我们的血肉，筑成我们新的长城！中华民族到了最危险的时候，每个人被迫着发出最后的吼声。起来！起来！起来！我们万众一心，冒着敌人的炮火，前进！冒着敌人的炮火，前进！前进！前进！进！"

⑧创作于中华民族危难关头的《义勇军进行曲》，由田汉作词，聂耳作曲，唱出了抗日救亡时代万众的心声，表现出中华民族勇往直前、不屈不挠的战斗精神，后来更成为国歌，散发出永恒的魅力。曾经，这浑厚昂扬的旋律，激愤着国人，奋起抗战、抗战，把侵略者赶出国门。如今，这浑厚昂扬的旋律，又激励着国人，奋起建设、建设，把神州建设得更加繁荣富强。

⑨站在昆明甬道街聂耳故居里，听那悠扬的稚嫩笛声。那笛声，经过千锤百炼，最终怒吼出的，是民族魂，中华韵！

（有删改）

【相关链接】1935 年 2 月，田汉被国民党逮捕入狱，由他创作剧本的影片《风云儿女》开拍。当时,聂耳准备去日本,得知影片《风云儿女》有首主题歌要写。聂耳看过歌词后，立即要求由他进行谱曲。果然，没过多久他就从日本寄回《义勇军进行曲》的歌谱。不幸的是,1935 年 7 月中下旬,《义勇军进行曲》在银幕上首次响起时,聂耳已溺亡于日本，年仅 23 岁。

1.下列对材料有关内容的分析和概括,最恰当的两项是(　　)(　　)。(5分)

A.聂耳原名聂守信，因为耳朵大，从小就被人叫作"耳朵先生"，进入歌剧社后，大伙儿见他才华横溢，直接称他为"聂耳"。

B.聂耳幼年丧父，家庭困顿，学费都要东拼西凑才成，然而，聂耳人穷志大，渴盼国富民强，自小立志做音乐家，为国出力。

C."九一八"事变发生后，东北沦陷，聂耳毅然参加了革命音乐组织，为抗日救亡呐喊，并因此结识了田汉，一起为国歌唱。

D.《义勇军进行曲》是为电影《风云儿女》创作的歌曲，宣扬抗日救亡，激昂的歌词，激越的旋律，唱出了国人抗战的决心。

E.文章两处画线的句子都写到了聂耳故居的悠扬音韵，前后呼应，以想象来写笛声的感染力，表达了作者对聂耳的景仰之情。

2."九一八"事变爆发前，19 岁的聂耳在音乐上已学有所成，是哪些条件使得他年纪轻轻就获得成功？请结合材料简要分析。（6分）

_____

_____

_____

3. 聂耳能够迅速地创作出《义勇军进行曲》浑厚昂扬的旋律,除了他的个人才华外,还有哪些因素?请结合材料具体分析。(6分)

_____

_____

_____

4. 在2010年的全国"两会"上,有少数委员建议终止现行国歌《义勇军进行曲》,以新歌替代之。理由是《义勇军进行曲》已经过时,不符合时代要求;"中华民族到了最危险的时候"的提法,早已不合时宜。对此,你怎么看?请结合材料说明理由。(8分)

_____

_____

_____

一河冰川动春潮

　　春潮或许是万紫千红，或许是莺歌燕舞，可是这都称不上是惊天动地的春潮。在作者看来，春天冰川融化时排山倒海、惊涛拍岸、雷霆万钧的气势才是真正打动人心的春潮的气势。文章采用多种修辞手法，不留余力地赞美春潮，以绝美的语言描写了惊心动魄的画面，读后不禁令人惊叹！

　　① 天地间若没有壶口瀑布，世人去何处观赏惊心动魄的风景？

　　壶口瀑布若没有晶莹冰川，世人去何处观赏惊天动地的春潮？

　　壶口瀑布惊心动魄的风景，在夏天，在秋季。那

❶ "惊心动魄""惊天动地"两个词语恰当准确地写出了壶口瀑布和壶口瀑布的冰川的非凡景色和非凡气势。

时候，黄河水在晋陕峡谷里舒心前行，一路欢声笑语，如同吟咏"关关雎鸠,在河之洲,窈窕淑女,君子好逑"。正吟唱得醉心，蓦然一壑深沟突现眼前，想要驻步回转已来不及了，只能身不由己地栽跌下去。顿时，粉身碎骨，激浪迸溅，水花迷雾，飞腾升空。天地间迸发出比雷霆还雷霆的响声。①那声响不再是"关关雎鸠，在河之洲，窈窕淑女，君子好逑"，而是"风在吼，马在叫，黄河在怒吼，黄河在咆哮"！

黄河怒吼出了惊心动魄的气势！

黄河咆哮出了惊心动魄的风景！

到了冬天，壶口瀑布一改夏秋时节的容颜，集聚起一河奇崛的冰川。有那么一天，或是刮过一阵寒风，或是落下一场暴雪，蓦然，河道里流淌的不再是柔媚的汁液，而是一块块坚硬的冰凌。②大大小小的冰块，在宽阔的河道里放纵身肢，悠悠漂流。猛然下落，是河床陡跌，已至壶口。这窄小的壶嘴哪里能容得下这么多骨骼坚挺的冰凌？于是拥挤、叠压、堆砌，不可避免地发生了。瞬间，满河冰凌壅塞为一体，封盖住水流，将一条奔腾的巨龙覆盖在身躯下头。壶口瀑布，那疯狂的蹦跃消失了，拼命的咆哮暗哑了。冬天用严寒缔造了冰凌，冰凌用刚劲的身躯和意志封杀了激流。壶口瀑布不见了，变为一河冰川。踏着这大大小小、高高低低的冰凌，居然能够从此岸的吉县抵达彼岸的宜川。谁会想到，天堑转眼变成通途？

❶ 采用引用和对比的修辞，引用古诗词和歌词，前者静谧祥和，后者喧嚣怒吼，把黄河水的特点描写得淋漓尽致。

❷ 采用拟人的修辞，生动地再现了冰块在河道里漂流的情景。

更令人想不到的是，就这一河冰川，还会崩裂出形色生动而又无法写照的春潮。

恕我愚顽，在没有见识过壶口冰川崩裂之前，一直不知道该用什么意象来活画春潮。一年四季，我独钟春天。①春天有万紫千红的色彩，有莺声燕语的歌舞，有迷乱人心的诗篇，然而，用这色彩、这歌舞、这诗篇，很难活画春天的风骨气节。在世人地眼里，春天千娇百媚，楚楚动人。朱自清甚而怜爱地将之喻为一个花枝招展的小姑娘。这个娇羞可爱的小姑娘一来，顿时无边光景一时新，顿时春色满园关不住，顿时一枝红杏出墙来。这就是世人见惯的春天风采！

不过，春姑娘的登场远不这样轻松。她要摧毁的是冬天，是严寒的季节。②人们也将寒冬拟人化了，时常我们在古典书卷里会遇到一个脾气严苛的老人。在这个老人的辖制下山寒水瘦，满目荒凉。一个花枝招展的小姑娘，要收拾这凄凉寥落的乱摊子，还要收拾得万紫千红，谈何容易？这中间要经历多少坎坷，多少曲折，多少摔跌，谁人知晓？春姑娘无须人们知晓，更无须人们赞扬，跌倒了，站起来，无怨无悔，咬紧牙关，抚抚伤痛，继续先前的努力，宁可粉身碎骨，也要讨回一个温馨芬芳的岁月。这需要怎样的雄心？怎样的气势？我不止一次地揣度，也难知一二。直到目光锁定"春潮"一词，才明白这尘世还真有人理解春天，还真有人走进了春天的心灵深处。春天如同潮

❶ 采用排比的修辞，生动地描写出春天的色彩、歌舞、诗篇，之后作者笔锋一转，说这些难活画出春天的风骨气节，摆出独特的观点，吸引读者的阅读兴趣。

❷ 采用拟人的修辞，把冬天拟作脾气严苛的老人，生动形象，同时老人辖制下的山寒水瘦、满目荒凉与后文的花枝招展、万紫千红形成对比。

水那样，用温文尔雅的柔情，创造了惊诧寰宇的阳刚。于是，严酷刚烈的冬季拜倒在春天那柔弱的石榴裙下，千里莺啼绿映红的画卷倏尔铺展开来。

所以锁定"春潮"一词，是因为我胸中激荡着秋潮。最经典、最权威的秋潮是钱塘江涨潮，滔天浊浪排空来，翻江倒海山为摧，诚可谓恣肆汪洋，狂飙飞旋。①一汪温柔的江水居然能惊涛拍岸，居然能雷霆万钧，居然能卷起千堆雪，真真是世间奇景。不是我赞赏称奇，即使见识广博的刘禹锡也禁不住惊奇地感叹："八月涛声吼地来，头高数丈触山回。"钱塘江潮水像是一位艺术大师，用形色向世人宣示：温柔至极的流水，也能刚烈出无坚不摧的风骨。

缘于这种印象，我才将春天和潮水缕连在一起，用春潮来描画春天到来的声威。

缘于这种印象，我急于寻找能够活画春天的意象。然而，一次次匠心观测都化为泡影，我禁不住怨叹大千世界，光怪陆离，咋就没有一个可心的景物供我所用？我的希望几乎就要沦为失望，可巧此时，壶口瀑布融冰的场景凝定在眼前。

春天来临时，壶口的冰川还很坚固。站在高巍的冰山脚下，真替春天为难，不知她如何用柔弱的肢体去清理这比铁还硬，比钢还强的冰凌？只见，春天没有急于求成的冲动，没有震耳发聩的宣誓，没有剑拔弩张的攻势，有的仅是世人罕见的耐心。②她不吭不哈，

❶ 采用排比的修辞，起到增强语气和表达效果的作用。三个"居然"也起到强调作用，温柔的江水能缔造出无坚不摧的风骨，真是令人出乎意料，令人赞叹称奇！

❷ 把春天拟人化，写出了春天融化冰川的过程，这个过程体现出春天的温和、耐心、奉献、毅力。

不急不躁，却也不卑不亢，不弃不离，用微弱的体温去感化坚固得不能再坚固，厚重得不能再厚重的冰凌，一天，一天，又一天……

终有一天，面对头顶温润的阳光，冰凌竭尽全力也无法恪守自身的坚固强硬，止不住微微摇动。摇动过后本想努力站稳脚跟，岂料支撑肌体的基石已被春天的温情感化、招安，竟然融为一汪清水。无法阻挡的垮塌猝然而至！仿佛就在瞬间，一河冰川炸裂开来，碎成一块块冰石，一个个冰丘，一座座冰峰，接二连三跌进激流。顿时，冰石撞击着冰丘，冰丘倾轧着冰石，冰石的响声刚起，冰峰垮塌下去，砸碎冰丘。那一刻，碰撞接着碰撞，碎裂跟着碎裂，垮塌连着垮塌，轰鸣催着轰鸣。^①此刻，站在黄河岸边，看到的不再是瀑布，不再是冰川，而是一连串惊天动地的词语：排山倒海、天崩地裂、惊涛拍岸、雷霆万钧……这些词语没有一个安分守己地紧贴在书页里，一个个都变成花果山砰然出世的石猴，腾跃而起，厮杀搏击，上演着一场震惊肝胆的活剧！

这活剧的结尾，是冬天的彻底崩溃，是春天的浩荡光临！

这就是春潮，这就是春潮写照出的春天，春天以柔克刚的精神！

❶ 采用拟人和比喻的修辞，把成语拟人化，说它们不安分守己，又把它们比喻成出世的石猴，写出了冰川融化时惊天动地的气势。

延伸思考

1."更令人想不到的是，就这一河冰川，还会崩裂出形色生动而又无法写照的春潮。"请分析这句话结构和内容上在文中的作用。

_____

_____

_____

2."春天如同潮水那样，用温文尔雅的柔情，创造了惊诧寰宇的阳刚。"请对这句话进行赏析，并说明它在文中的作用。

_____

_____

_____

3.作者本要写春潮，为什么还要写秋潮?

_____

_____

_____

打　春

名师导读 ▶

　　打春和立春本来就是一回事，可是作者为什么强调"打春"好呢？文章从三个方面来诠释"打"字，打是谋划，是构思，打有气势，能折腾，能闹，打有韧性，坚毅。因此作者强调"打春"好，并在文章的结尾表达了希望"打"的精神能够永远传承的希冀。下面我们就到文中去看看这"打春"是怎样"打"的吧！

　　打春，就是立春。

　　立春，是春回大地的节气。在二十四节气中，再没有比立春更让人这么喜气洋洋的了。立春带着温暖不声不响就扑进了千山万水，融入了千家万户。①风变柔了，柔得像婴儿那绵绵的嫩手，拍打到哪儿，哪儿就有甜甜的声响；雨变酥了，酥得像是蓄满了养分的香油，落到哪儿，哪儿的禾苗就长了劲地生发；天

❶ 采用排比、比喻、拟人的修辞，生动形象地写出了春天风柔、雨酥、天暖的特点。比喻贴切，联想丰富，视角独特，很值得借鉴。

变暖了，暖得屋外也像农家冬日里烧热的大炕，娃儿们吆三喝四地翻跟斗，蹦高高。不光娃儿们乐，苏醒了的青蛙也乐，乐得亮开嗓子唱上了。青蛙一唱，燕子就上场了，在天地间上下起舞……春天真好！

真好的春天，是从立春开的头、起的步。可为啥咱那父老乡亲要把立春喊成打春？乍一听，弄得人心里怪别扭的。打，打架、打闹、打仗……为啥要把一个慈眉善眼的春天和这么个"打"字撮合在一块，这不是乔太守乱点鸳鸯谱吗？

① 仔细一想，满不是这么回事，这打春，比那立春，要形象得多，要生动得多，要活灵活现得多！和打字结伴的词不光是打架、打闹、打仗。还有很多很多，多得词典上密密麻麻弄出了几页。别个咱不多说了，捡出几个熟悉的品品味道吧！

先想起一个——打草稿。草稿不是正式稿子，可是没有草稿，也就没有定论的文稿。草稿所以草，是那繁杂的思绪就像春风抚过、春雨润过的土地，刚刚还是草色遥看近却无，转眼间就万紫千红春满园了。② 从这草色遥看近却无，到万紫千红春满园的过程，用的那个"打"字，实际是说孕育哩！孕育不是出生，却比出生更重要。草稿不是定稿，却比定稿更重要。定稿不过是强化一个角落，要的是一枝红杏出墙来；不过是删繁就简，要的是万绿丛中一点红。定稿要比草稿好得多，美得多，可要是没有那起先的草稿，哪

❶ 这句话写出了打春与立春的不同之处，具有高度的概括性，在全文中起到提纲挈领的作用。

❷ 对"打"进行了解释说明，突出了"打"字的重要性，同时也展现了作者独特的视角和观点，令人信服。

会有后来的定稿？说透了，这打草稿就是谋划，就是构思，就是初创。如此理解，那么打春不就是谋划春天，构思春天，初创春天吗？在这么好的时令到来时，多思思，多想想，"清明前后，种瓜点豆""春种一粒粟，秋收万颗籽"，不是一年之计在于春了吗？把握了春天，就把握了一年的好收成，好日子，这春打得应该。

又想起一个——打鼓。想起打鼓，就想起家乡的威风锣鼓。那锣鼓要是响起来呀，听得人的血液在脉管里使劲地奔跑，灵魂在思想里高兴地舞蹈。那个声响，像是天崩，像是地裂，像是排山，像是倒海，像是……不说了，你就是把人间最有声威、最有气魄的词语都喊遍，也无法描画威风锣鼓那神韵。这人间的鼓打到这个份儿上，真把人类从小虫虫、猿猴猴到现在这个样子，这个主宰天下的胆识气魄都活画出来了。这鼓打得好！打得好的鼓不是天天打、时时打，是有了节日，有了喜事，值得美美庆贺一回了，才痛痛快快打一场鼓，打一场惊天动地的鼓。如果把鼓字换成春字，打鼓就变成了打春，没想到这打春里有这么激动人心的意思。①打春是闹春，闹腾个红红火火的春天，闹腾个威威风风的春天，闹腾个天遂人愿的春天。看来这春还是打得好！

还有个打场。那可是真打，涨着劲地打，拼上命地打。五黄六月，龙口夺食，从田地把长成的麦子割倒运回场里是龙口夺食，在场里打摊好的麦子脱粒打

❶ 采用排比的修辞，突出强调了"闹"字，也是对"打"字的另一种解释。

净是龙口夺食。六月天气如猴子的脸，说变就变，草帽大的一团云，也可能淋得场里水滴滴湿。因而，打场就不是一般地打，而要狠着劲地打，要打得人上气不接下气，只要爬不下就打；爬下了，抹把汗，挣扎起来又打。这么打，着实累，累得人脱了皮掉了肉，可这心里是甜的呀！谁不希望把汗水泡出的籽实全收揽到家里？这打场，是实打实地打，又是喜上喜地打。打春，莫不是又借了打场的美意？把那打场的劲头，把那打场精神，把那打场的心情都用在春天上，提前就流着汗务植春天，还怕场上没有好收成？打春，打得早，打得妙，打出了人勤春早，打出了场上高高的庄稼垛，打出了屋舍里冒尖的粮食箔。

打春，就是比立春好！

❶ 总结全文，同时表达出作者的希冀。

① 老辈人说打春，咱这辈子也说打春，下辈子，下下辈子千万千万也别忘了打春！

延伸思考

1. 文中哪些语句对"打春"作出了形象化的解释？

_____

_____

_____

2. "打春，就是比立春好！"作者这样说的理由是什么？请摘引文中原话回答。

———————————————————————————

———————————————————————————

———————————————————————————

3. 跟一般歌咏春天的文章相比，本文在构思上有什么独特之处？

———————————————————————————

———————————————————————————

———————————————————————————

春风这一吻

名师导读▶

　　本文标题运用了拟人的修辞，新颖、形象，吸引读者；同时，它也是本文的线索，把全文内容串联起来，使文章内容更集中。文章的正文部分有春回大地的欣喜，有春风拂过之后对自然美景的赞美，还有对充满生机的自然界的赞叹。下面我们就到文中欣赏春风的吻吧。

❶ 采用拟人的修辞，将春风拟人化，生动形象地写出了春风轻柔、温润的特点。

　　稍不留神，温润已弥漫于天地之间。尽管这温润还很稚弱，微微的，薄薄的，淡淡的，却已无处不在。①温润到来的讯息是风告知我的，不经意间，她吻了我一口，在额上，轻轻的，柔柔的，却没了往日的寒冷，不是冬风，而是春风。柔和的春风带来了去年走失的温润。

　　哦，春天来了！

　　春天来临的那刻，我正瞅定东方天际，看那轮又大又红的日头从远处的山峦升起。上升得不快，似乎是一丝一丝往上爬，可是天空红亮得飞快，一瞬间烈焰熊熊，方才还寂然灰暗的山脊变成了火焰山，而且与之邻近的那爿天也变成了火焰天。就在此刻，我感受到了春风那甜甜的一吻，吻得冬天再也无法把我裹挟进寒冽当中。

①春风当然不只独独亲吻我一人，这位柔情翩翩的天使，上吻碧落崇山，下吻河流原野，只一吻就锁定了春天的辖域，就落定了春天的营盘。

春风一吻，高高的雪域山尖，立即消减了严冬的酷寒。饱经严寒折磨的积雪，被吻出甜美的热泪，热泪涌流，流瘦了雪峰，流薄了雪坡，流深了雪壑，河水就要升高了。似乎是为着迎候从远方流来的雪水，春风早早也给了河流一吻。那时候将河流称作冰川最贴切，站在岸边，谁能看见流水？看不见，满目全是冰凌，雪白的冰凌覆盖了河面。整个河道，或高，或低，无处不白，白得高也坚硬，低也坚硬，坚硬得冰凌挟持着河道，威严凛凛，横眉冷对，生性柔弱的水流哪是这强霸的对手，只能低眉顺眼，钻进人家的胯下，敛住气蜷伏着溜过。沮丧，屈辱，悲怆，流水已憋屈了不少时日。②春风那一吻解放了流水，寒冰不怕强对强，不怕硬碰硬，却经不起温润的感化，顿时意志消解，肌体消融，骨骼消蚀，嘿嘿，流水重见天日，亮开歌喉，潺潺，汩汩，哗哗，啦啦，倾心，倾情，

① 把春风比喻成柔情翩翩的天使，紧扣"吻"字，展现春天万物复苏的画面。

② 把春风、寒冰、流水都拟人化，在春风温润的感化下，寒冰也肌体消融，流水重见天日，表达出流水对春风的感谢之情。

赞颂春风，报效春风。

春风不为赞颂，不图报效，早已赶去亲吻柳条了。不吻则罢，这一吻让刚刚还僵直的柳条，眨眼变柔顺了，顺着顺着，绿柳才黄半未匀；顺着顺着，万条垂下绿丝绦；顺着顺着，绿丝绦禁不住翩翩蹈动，伴随春风歌之舞之。似乎柳树的歌舞是献演给桃树的，庆贺桃花的爆开。在草木当中，最为娇羞的该是桃树了，才经春风一吻，已娇羞得红满颜脸，粉嘟嘟的如涂抹了胭脂似的。从枝杈，到梢尖，无处不花，无花不红，红遍了沟壑，红遍了峰峦。要不怎么说是"桃之夭夭"，敢情是桃树娇羞所致啊！

这一"桃之夭夭"，桃花与蝴蝶无缘了。蝴蝶在承受春风初吻时，还不是蝴蝶，不过是丑陋的毛毛虫，或是没头没脸的裸体蛹。毛毛虫也罢，裸体蛹也罢，只要经春风亲吻，就会化丑为美，化蛹为蝶。于是，蝴蝶在碧蓝碧蓝的春色里两相携行，比翼双飞，上下翻旋，翻旋着一起降落在油菜花上。油菜花早就翘望着这一刻的到来，抖开堪与皇家媲美的金黄衣衫，让蝴蝶钻进花蕊恣意贪恋。[①] 为了这美妙的时光，油菜花起早贪黑地生长，起早贪黑地孕育，起早贪黑地开放，时不我待，错过这风华岁月，盛世难再啊！油菜花也是被春风吻醒的，公道说，那时她还是油菜，被冰雪折磨得无精打采，蜷伏在地皮上。说来也怪，春风一吻，油菜倍长精神，昼也有劲，夜也有劲，一劲猛长，

① 采用拟人和排比的修辞，三个"起早贪黑"起到强调作用，写出了油菜花在春风的吹拂下，不分昼夜努力生长的样子。

就爆开了令蝴蝶爱也爱不够的油菜花。

油菜花和蝴蝶陶醉热恋的时候，青蛙好梦成真了。曾经蜷缩着身子梦想遍地洒满温暖的阳光，梦想一河明镜般清亮的流水，梦想河边有一垄旺盛茵绿的嫩草，自个儿就栖息于那鲜美的草丛里，高兴了弹身一跃，在空中划一个弧圈，落入水中，河水溅起玲珑的浪花将她揽入怀中，多有诗意啊！长长的美梦，长长的诗意，不知重复了多少遍，才盼到了春风这一吻。不过，青蛙得到的这一吻可不是春风直接赐予的，她潜藏在深深的泥土里，根本无法与春风照脸。是泥土将这一吻传导给了她，那一刻覆盖在身上的泥土突然中了电似的飕飕抖动，抖得她麻酥酥的。一个激灵，青蛙醒了，钻出泥土，出现在天蓝水碧的清新世界中，哈哈，竟然梦想成真了。青蛙一吐漫长冬天窝圈在泥土里的郁闷，呱呱，呱呱呱呱，高唱开来。

青蛙的歌声，是黄牛行走的进行曲。黄牛从不空走，是去耕田。惊蛰不耕田，不过三五天。<u>①青蛙一叫，惊蛰过了，地门开了，田土不再坚硬，黄牛拉着犁兴奋地甩着尾巴，划破油沃的土壤，就待往里撒播金灿灿的种子。</u>黄牛的兴奋也来自春风这一吻，只是他没有喜形于色，而是按定兴奋养精蓄锐。直到槽池里再也见不到干干的麦秸，换上鲜嫩的绿草供他食用。一嚼那水水灵灵的嫩草，黄牛哪里还能按捺住蕴蓄多日的兴奋，浑身的劲头泉水般突突地往外喷放。恰在此

❶ 把黄牛拟人化，用"兴奋"来形容黄牛耕地时的勤劳，用"油沃"形容土地，用"金灿灿"形容种子，可见作者对春种的喜爱和赞美。

时青蛙叫开了，那叫声好似进军鼓，如同冲锋号，黄牛赶紧走出棚厩，走向原野，拉着犁来回耕耘，过去是平，返回是仄，平平仄仄，仄仄平平，大地上种满了希望的音韵，希望的生趣。

① 啊，春风这一吻，万物复苏，草木葳蕤！

1 总结全文，照应题目，是对春风这一吻的高度概括，描绘了一幅包罗万象的春景图，给人留下很大的想象空间。

延伸思考

1. 文章抓住了哪些事物来写春风这一吻？

_____

_____

_____

2. "不吻则罢，这一吻让刚刚还僵直的柳条，眨眼变柔顺了，顺着顺着，绿柳才黄半未匀；顺着顺着，万条垂下绿丝绦；顺着顺着，绿丝绦禁不住翩翩蹈动，伴随春风歌之舞之。"请对这句话进行赏析。

_____

_____

_____

3. "恰在此时青蛙叫开了，叫声好似进军鼓，如同冲锋号，黄牛赶紧走出棚厩，走向原野，拉着犁来回耕耘，过去是平，返回是仄，平平仄仄，仄仄平平，大地上种满了希望的音韵，希望的生趣。"请对这句话进行赏析，并分析作者想要表达的思想感情。

_____

_____

_____

开花的规律

名师导读▶

　　一棵不起眼的白菜花令作者思索良久，从中得到开花的规律，受到白菜花奉献精神的启迪，这正是作者独特的观察能力的表现。文章采用朴实的语言，娓娓道来，给人一种舒服自然的感觉；结尾是全篇的精华所在，令人油然而生对白菜花的敬佩。下面我们就到文中体会这开花的规律吧。

　　① 花朵有没有情感我不知道，开花却有常人难以想象的规律。

　　告诉我这规律的花说来好笑，不是什么香草名花，竟是一个白菜根。

　　时下这岁月，谁家没有几盆花？而且多是名贵花。有钱人家，甚而还有草木葱茏的后花园。当然，没有人会去蓄养什么白菜花。我养白菜花是很久前的事，那是在人民公社盛行的年头。② 我曾是里头伏案制造

❶ 开篇点题，给这开花蒙上了一层神秘的色彩，吸引读者的阅读兴趣。

❷ 采用环境描写和动作描写的方法，写出了环境的狭小和工作的枯燥，为白菜花的出场作了铺垫。

105

文字的一个小人物，每日要用大量的时间劳碌于窄小的屋室。两只眼睛不断地在纸页上梭巡，时间久了未免不困倦得昏昏欲睡。夏日还好，走出去往眼眶里装些绿意就会驱走睡意。冬天就没这么好的条件，出得屋来面对的是比房间还乏味的寒秃，一丝的绿色也值得十分珍爱。有一天忽来雅兴，从厨房里拿来一个厨师剥去绿叶的白菜根，找个罐筒瓶子，装些水将之放进里面。不几日，陋室里便长出一枝绿彩，嫩嫩的秆，小小的叶，细细地往上蹿着。伏案累了，或是思路塞滞，我就停下笔来，在白菜根前观看。乏味的枯燥就在这绿色的洇染里省略去不少。

或许是我的诚心感动了白菜根，这一日，竟然开了花。极不起眼的黄花一瓣一瓣参翘开来，虽然小得极不起眼，却没有一点的含糊，那细致俊俏的形姿和鲜艳的花色，都让我感到少见的精致。① 花朵的上头还有比小米粒大不了多少的花苞，一个一个挤得密密麻麻。隔日再看，小黄花变成了两朵、三朵，鼓圆的花苞还有想要爆开的。花儿开到五朵，没见再增加，不是没有再开，而是早开的花朵已经凋谢。花瓣蔫软下去，缩成一团，要是在农田肯定不会是这种样子，花蕊里会结出小巧的绿角，生成籽实。而长在罐筒瓶里的白菜花显然没有这般福气，贫乏的养分只够她们勉强开花。她们的日子和我那时候贫瘠的生活一模一样。越是贫瘠，人的欲望越是强烈，常常有这样的事情，

❶ 细节描写，写出了花苞的形态和数量，"密密麻麻"形容花苞的多，"爆开"形容花苞要开的样子，生动细致，具体可感。

要是出去开会,碰到什么好吃的,我和同事们当仁不让,每个人都会把胃囊填塞得满满的。狼吞虎咽,争相填充,就是那时吃饭的最好写照。

我对白菜花的厚爱就滋生在此时,她们赖以生存的物质同样有限,先开的却没有一点点贪欲。而且,体现出的是谦让,匆匆开放,匆匆缩合,匆匆结束了自己的生命,这就是每一朵小花的生命过程。没有她们的匆匆死去,有限的养分就无法输送到还在孕育的花苞,花儿就不会再一朵一朵接着开放。①开放的竞相开放,死去的竞相死去,竞相死去的保证了竞相开放的活力。这就是活画在白菜花上的规律,她们没有结出籽实的能力,却结出了对人世不无启迪的道理。

❶ 充满哲理,给世人启迪,写出了白菜花把有限的养分让给其他花朵的奉献精神。

这当然不是她们刻意为之,开花和死去都是自然的规律。但是,她们没有一个会去违背自然。抑或,在人们的眼里她们太呆板,太无能,为何不挑战环境,改变境遇,多获得活着的日子?可正是每一朵花的无能,催开勃勃不断的整体生趣。

②如今,几十年过去了,那一棵白菜花还开放在我的记忆里。

❷ 表达了对白菜花的怀念,这其实是对白菜花开花规律的一种向往和赞美,作为文章结尾,总结全文,意味深长。

延伸思考

1. 文章本来想要写开花的白菜花，为什么在开头要写当今富贵人家的花呢？

_____

_____

_____

2. 文章写开花的规律，却用了不少的笔墨来写花落，用意是什么？

_____

_____

_____

3. 你从开花的规律中受到怎样的启发？说说你的想法。

_____

_____

_____

落叶的秩序

名师导读▶

你观察过落叶吗？你知道落叶也有秩序吗？本文中作者在细致入微的观察的基础上，把落叶描写得富有深情，展现了一个不为我们熟知的理想世界。写景寓理，令人感受颇深。下面我们就到文中看看吧！

我不止一次观察过树木的落叶，那里有着比人世还严密的秩序。①我敢说，倘若人们要是像落叶那样，这世界肯定要比现在美好得多。

秋天，在我们的眼里是落叶的时节。落叶，无疑是天经地义的事情。假若不落叶，那无疑是最大的违背天理。因而，谁也没有为一片树叶从梢头落下感到惋惜。甚而，落叶已在脚下铺叠起厚厚的一层，走过去能踩出吱吱的声响，没有一个人以为那是树叶的叹息，倒觉得像脚踏地毯一般适意。我注目落叶纯属偶

❶ 开门见山摆明观点，表达了作者的美好愿望。

① 采用拟人的修辞，赋予树木人的感情，表达出树木对"儿女"的眷恋和深情。

然，然而，自打第一眼留意日渐光秃的树木，就禁不住天天观看。① 观看也无法挽留树叶的零落，我却看到树木是那样的深情，她们把每一片树叶都视作自己的儿女，竭尽全力地挽留他们，只要他们还有一丝绿意，就毫不撒手地拽紧，将他们使劲箍在自己的臂弯里，抗拒秋风一次又一次的袭击，唯恐强悍的寒流突然裹走自己的儿女。不过，她们的能量是有限的，落叶才是自然的铁律，不落只是情感驱使下的努力。因而，面对每一片树叶的坠落，她们只能发出轻轻的叹息。叹息着，一边目送坠落的孩子远去，一边再把还在臂弯的儿女拉扯得更紧。

树身和树叶的关系，展现的是浓烈的情意，是母亲对儿女的疼爱和眷恋。我更倾心的不是这，而是树叶和树叶的关系，他们和她们，让我感到的不光是深深的情意，还有良好的、从不动摇的秩序。他们和她们，是兄弟，是姐妹，其实那一树大大小小的叶子都是兄弟姐妹。既然是如此，他们就不可能同一个时辰来到这个世上。先来后到是他们出生的秩序，而这种时序将会伴随他们的一生，直到在秋风里缓缓飘落。② 最先跌落的是底层的树叶，他们是这群兄弟姐妹中先出生的长者，他们享受阳光、沐浴雨露的时候，弟弟妹妹还在孕育，或者刚刚探出头来好奇地打量着这个世界。他们是从那个稚嫩的日子过来的，也就对弟弟妹妹那新奇的模样十分爱怜。于是，不敢独自贪婪

② 采用拟人的修辞，把先跌落的树叶比拟成其他树叶的长者，表现出他们宽厚、疼爱弟妹的特点。

阳光，不敢独自渴求雨露，匆匆分一些过去，送进肢体，再由肢体输送到弟弟妹妹那里。

这些都是春天和夏天的故事。一转眼，秋天来了，飘零的时令到了。这是不可违抗的，为啥说是时令，不就是时间上苍的命令吗？他知道，夺命的令箭下达了，必须有先行者，不然横扫过来的狂风非把他们整个家族肆虐个七零八落不可。于是，我看到最先落下去的就是来到世上最早的那片树叶。他抑或是这棵树上的大哥哥，他首先脱离母体为的是给弟妹们争取多一分一秒享受母爱的时机。就这么，按照先来先落的次序一片一片落下去，从容不迫地落下去，落到冬天的艳阳照临在遒劲的树干上、枝杈间，梢头还有十片八片树叶顽强地飘扬着。

这时候，每一片树叶都是一面飘扬在我眼睛里的旗帜，一面蕴藏着厚爱，昭示着铁律的旗帜。① 正是这样的厚爱，这样的规律，使树木得到最大限度的生长，长到一场大雪将枝丫梢头全都染白，最后一片树叶才会落地，去追赶先行的兄弟姐妹，和他们簇拥在一起，贴近大地，化为泥土，滋养另一茬树叶的发芽出世。

❶ 结尾充满哲理，表达了作者对充满秩序的树叶的赞美。

延伸思考

1. 文章开头写没有人为落叶感到惋惜的用意是什么？

_____

_____

2. "我更倾心的不是这，而是树叶和树叶的关系"，树身像母亲一样眷顾树叶，但是作者为什么更倾心的是树叶和树叶的关系呢？

_____

_____

3. 文章结尾说树叶是旗帜，你怎样理解呢？

_____

_____

麦　香

名师导读

　　读完这篇文章似乎闻到扑面而来的、充盈得无处不在的麦香，这是一种淳朴的味道，这是一种高雅的味道，这是一种香透了中华几千年文明的味道。作者多处采用排比、对比、比喻的手法，向我们展现了亘古如一、独一无二的麦香，表达了作者的赞美和喜爱之情。下面我们就到文中嗅一嗅这麦香吧！

　　夜来南风起，小麦覆陇黄。

　　①唐朝诗人白居易迎着晨曦开窗眺望，张嘴吟诵，是缘于麦香扑面而来，透窗而入，抑制不住激荡的情愫啊！

　　何止是白居易感受到了麦香，祖祖辈辈的农人都感受过麦香。自从麦子在中原落地生根，麦香就亘古

❶ 抓住诗人白居易的动作来写，生动准确地写出了白居易面对麦香激动的心情。

如一。我就是沉浸在麦香的年轮里生长的，长骨骼，长肌肉，还长思想，长得至今也无法摆脱流荡在脉搏里、充盈在肌肤里的麦香。

那个麦香，真是香呀，香得独异，香得唯一，香得在这天地间再也找不到第二个。麦香，不似花香，不似油香。① 花香是艳香，是用娇俏的颜脸喷洒出扑鼻的滋味，诱人痴痴地观赏。油香是浓香，是用热烈的活色爆炒自个儿，诱人痴痴地品尝。麦香，个色独具，单纯而高雅，拙朴而幽邃。

这么说吧，麦香清纯得像一滴水。这滴水不是河里流动的水，不是泉里汪亮的水，而是一滴圆润明净的露珠。露珠，是一滴来自天上的灵韵。诗人韩愈曾经这么赞美天上的灵韵："天街小雨润如酥。"② 只是，那小雨可以淅淅沥沥，飘飘洒洒，落地成溪，汇聚成河。露水，绝不会这么恣肆，这么挥霍，只将一滴晶莹的珠玑，挂在麦芒，供麦粒悄悄吮吸进体内。麦香淳朴得像是一抔土，一抔深蕴在浮土之下的厚土。那厚土没经过日晒，没受过雨淋，连风是什么动静也没遭受过，真正是这个世界上的净土。麦子默默无闻地把根须深潜下去，潜进净土的骨髓，将那里的淡雅恬静一丝一缕地钩沉起来，吸纳进自个儿的身躯。那天之灵韵，地之精髓孕育出来的麦香，哪能是凡俗的香，惯常的香？难怪麦香单纯而高雅，拙朴而幽邃！

麦香的单纯和拙朴还在于从不显赫自己，香得有

❶ 这三个句子在句式上是排比句，在内容上是对比关系，突出了麦香单纯高雅、拙朴幽邃的特点。

❷ 拿小雨和露水作比较，突出露水的晶莹、不恣肆，以此来比拟麦香的特点。

点些微。麦香只乘着荡漾的晓风弥散，只沐浴着辉映的夕照飘洒。倘要是骄阳当顶，烈焰炎炎，便立即屏息敛气，把所有的空间拱手相让，绝不与酷热争夺一丝一毫的时空。可是，当烈日疲累，红光西坠，倏尔麦香便会充盈畦田，充盈阡陌，充盈到花草树木的枝叶里，充盈进山石田土的罅隙里，就连人们的屋舍里也充盈得满满当当，无处不在。

麦香一来便预示着收获时节来临了！谁家院里的磨刀石上已流下了土黄色汁液，随着霍霍的声响，镰刀磨得亮亮光光，就待弯腰收割那金黄色的光景了；谁家门前堆起了蒲草，拧绳的人们说说笑笑，就待捆扎那挥臂割下的希望了；谁家的黄牛已拉着碌碡咕噜噜转轧场院，准备碾打挑回来的麦子。哈哈，挑麦子的扁担早已套好担花，就待一插一挑，和着麦香的旋律翩翩起舞了！

①麦香，就这么香透了，香过了数千年的农耕岁月。

如今，再也难以听见磨镰的霍霍响声，再也难以看见挑麦的翩翩身影，更难寻觅到拉着碌碡在麦场上碾压的黄牛和戴着草帽抡鞭吆喝黄牛的农人，只能看见收割机矫健地驶过，驶过……

麦香，却依然香如故。

❶ 这句话单独成段，起到强调和突出作用。"透了""数千年"表达出麦香对中国数千年农耕文明的影响，字里行间充满着赞美和豪情。

延伸思考

1.麦香本是一种无形的东西，作者为了把这无形的东西形容得具体可感，采用了什么样的手法，抓住了什么特点？

_____

_____

2."麦子默默无闻地把根须深潜下去，潜进净土的骨髓，将那里的淡雅恬静一丝一缕地钩沉起来，吸纳进自个儿的身躯。"请自选角度对这句话进行赏析。

_____

_____

_____

变身树

名师导读▶

　　"变身树"，看到题目后都觉得好奇，一棵树怎么会变身呢？原来这是一棵神奇的树，它能够适应复杂的外部环境，不悲不喜，无声无息，充满神秘，更是给人类启迪和喻示。下面我们就到文中去欣赏这棵树，领悟生活的哲理吧！

---

　　① 人类如何面对生活？如何应对复杂多变的外部环境？

　　这问题困扰了不知多少代炎黄子孙。一代一代的炎黄子孙都在寻找生活的最佳环境，可那最佳环境就是千呼万唤不出来。因而，一代一代的炎黄子孙无不处于永恒在困顿当中，疲惫在追逐当中，以至于有人在疲惫的追逐中郁闷，乃至抑郁。

　　去云丘山玉莲洞里游览，我忽然觉得这个困扰人们的问题完全可以轻松解答了，甚至我为找到答案太

❶ 文章以问句开头，引起读者的思考。

117

晚而感到惋惜。

❶ 引起读者的思考和阅读兴趣，也起到承上启下的作用。

①给我答案的是一棵树，一棵不知该叫什么名字的树。

这棵树长在突兀的绝壁上。绝壁上有一个神龛，人们借用岩石开凿出的一个不大的神龛。神龛里安放着神像，神像不大，却足以装下世上万众的心。自从有了神龛，就没有断过香客，少的时候是一位一位，多的时候是一群一群。无论是多还是少，来者无不面朝神龛顶礼膜拜。膜拜的时候会燃起香炷，袅袅的烟雾轻轻飘起，缭绕而上，神龛和神龛里的神灵，以及承载神龛的万丈绝壁，此时都弥漫在温馨的气氛当中。

一年又一年，神龛就这么享受着香客的顶礼膜拜。

一代又一代，神龛就这么享受着香客的顶礼膜拜。

忽然有一天，顶礼膜拜的香客发现了异样的变化，却怎么接受自己跪拜的除了神灵还有一棵树？一棵长在绝壁上、贴在神龛边的树。

❷ 采用拟人、比喻的修辞，写出了树无声无息、不悲不喜的特点。

②树不大，杆不粗，枝不壮，同神灵一般静静地面对着香客，不喜不悲，无声无息，让人觉得那树身上萦绕着一种神秘。

是什么神秘呢？

无人说得清楚。

神秘的树成了香客的话题。话题成了互不相让的争论。

有人说，是桑树。

有人说，是榆树。

说桑树的人比画，那叶子展堂堂的，很大，是桑树。

说榆树的人纠正，不对，那叶子皱巴巴的，很小，是榆树。

争论引发了人们对树木更为认真地观看，观看的结果是争论的双方再来看过，都改变了自个儿的看法。

①说桑树的人回去对说榆树的人说，你说得对，是榆树。

不料来年，说榆树的人又找到了说桑树的人，还是你原先说得对，是桑树。

大眼瞪小眼，都愣了，这到底是棵什么树？

没有人说得清楚这是一棵什么树，我倒认为那是上苍用以喻示广众的一棵变身树。

变身树上展示的是生命的弹力。

其实，当生命树出现在绝壁上时，就喻示了它生命的艰难。一棵树，只要是树就必须遵循树生长的规律，要有土，要有水。水土的充足才是它生长的温馨家园。然而，当这棵树从绝壁上萌生就注定了它生长的艰辛，有限的土，有限的水，时刻困窘着肢体。土是很少的，就是缘了石隙的那少得可怜的一点点土，它才发芽，才生根，才长叶长枝，长成了树。但是，水就不同了，多雨的年份，它从石缝里得到的水多些；干旱的年份，它啃透石头也吮吸不到几滴乳汁。好在枝叶很是懂事，知道扎根绝壁的不易，会把有限

❶ 这两段话形成对比，引起读者的注意和思考，为后文写树的变身埋下了伏笔。

119

的水分运用得恰到好处。于是，一棵树就出现了不同的树叶。① 有水的年头，枝叶舒展，人们看到的像是桑树；缺水的年头，叶掌紧缩，人们看到的像是榆树。

桑树、榆树长在了同一棵树杆上，绝壁上的树木用叶掌演绎着生命的机趣。② 在艰涩的困境中调节自我，适应时局，生命才会游刃有余，成为绝壁上永不枯竭的风景。

一年又一年，顶礼膜拜的香客络绎不绝。

一代又一代，顶礼膜拜的香客不断改换面孔。

绝壁上的树，依然在倔倔地生长，生长着上苍赐予人类的喻示。

❶ 揭开了读者心中的谜底，告诉读者为什么把它叫作变身树。

❷ 揭示了文章的中心，充满哲理，也呼应了文章开头。

延伸思考

1. "一年又一年，神龛就这么享受着香客的顶礼膜拜。一代又一代，神龛就这么享受着香客的顶礼膜拜"和后文中"一年又一年，顶礼膜拜的香客络绎不绝。一代又一代，顶礼膜拜的香客不断改换面孔"，前后两次出现有什么不同？反复出现作者想要表达什么意思？

_____

_____

_____

2. 文章本来要写变身树，为什么用了大量笔墨来写神龛？

_____

_____

_____

3. 如果你在生活中遇到困惑，如果你在学习中遇到挫折，你会用文中的哪句话来鼓励自己，为什么？

_____

_____

_____

第四辑 心灵波澜

"人有悲欢离合，月有阴晴圆缺，此事古难全。"苏轼这名句流传千秋，是因为揭示了人生的坎坷起伏和坎坷起伏造成的苦辣酸甜。

苏轼不甘于阴缺，不甘于悲离，渴望晴圆，渴望欢合，心灵激荡着"千里共婵娟"的波澜。

只要"千里共婵娟"还为世人翘盼，晴圆欢合，便"此事古难全"。生命的过程，就会充满苦辣酸甜。

苦辣酸甜的平常日子，有些人过去也就过去了，有些人却分外珍惜，将其凝集在书面，这便成为激扬情感波涛的华章。

【南京市 2021 届高三联考语文调研】

阅读下文，回答问题。（19 分）

采 春

乔忠延

①冬季日短夜长。农人说，十月天，碗里转，好婆娘做不下三顿饭。是呀，刚刚日头还在当顶，扫了扫院子，喂了喂鸡，出溜一下便滑到西山梁上去了。白日真短，短得匆匆忙忙，慌慌张张，气气喘喘。

②日子这么紧紧张张，应该过得快吧？没有，丝毫也没有。非但没有觉得冬日短暂，一个个都感到缓慢，要不为啥总见书卷报端出现漫长的冬季呢！冬季的漫长是人们感觉出来的，不，是人们煎熬出来的。日光淡淡的，没有一点温色，寒气就像草原上的群狼到处肆虐。伸出手，手冻得疼。走几步路，脚冻得疼。手脚冻木了，不疼了，鼻尖却辣辣地疼。疼得眼睛直想流泪，却强忍着不敢流，怕流出来把冰碴子挂在脸上。这日子还能说是过吗？不，是在熬，在煎熬。一煎熬日子就长，唉，好漫长，好漫长的冬天呀！没有耐心，

没有韧劲，还真不行，那就打消脾气，耐下性子，慢慢熬吧！

③忽一日，地皮软了。抬起头，高高的杨树梢垂挂起絮穗穗，萧疏的柳树条张开了黄翅翅。春天却怎么早已悄无声息地来了。

④好啊，春来了！

⑤春来了，哪里还能在屋里憋得住？憋屈了一冬天的肢体早该展放了，憋闷了一冬天的浊气早该释放了。街市上不行，挤窄；村巷里不行，弯折。只有阔野，只有山梁，才是展放肢体、释放浊气的理想地方。人们出了城，出了村，原野里、山梁上到处是人。小路上是人的溪流，大路上是人的河流，平地上是人的海洋，山巅上是人的峰峦。随便拦住一个打问，这是干什么？回答简练干脆：采春。

⑥采春！

⑦采春？怎么个采法？采法不复杂。满地是春气，走一走浑身是春情；小溪流春水，洗一洗满脸是春意；山壑荡春风，爬一爬萦怀是春温。更别说，枯树丛里的松树叶柏树叶早变绿了，绿得像是点缀的翡翠；更别说，崖壁岩角的连翘花山桃花早已开了，粉嘟嘟的像是仙女的笑靥。有人手痒了，折一节松枝带回去，往花瓶里一插，满屋子清香，春天的气息驱走了冬日的萎靡。有人心痒了，掐一朵粉桃花簪在乌黑的头发上，走到哪儿，都是笑笑的，笑开了一个人见人爱的春温时令。采春，采出的是欢乐，采出的是笑颜。

⑧还有人比他们，比她们更贪婪，见到春色手也痒，心也痒。手痒没动手，心痒大动心，把那春意、春情、春光，甚而春枝春叶，春蕾春花，装满一肚子，塞满一脑子。回到家里放不下，躺在床上推不开，睡在梦里仍是春水流淌，春鸟啼鸣，春条喷绿，春花怒放……梦醒了，人未醒，反而醉得迷迷离离，痴痴幻幻。迷离中展开纸，

痴幻中拿起笔，于是，世人看见："离离原上草，一岁一枯荣。野火烧不尽，春风吹又生"，那是白居易采回的春天；"昨日春如，十三女儿学绣，一枝枝、不教花瘦"，那是辛弃疾采回的春天……

⑨凡人采回的绿枝绿叶，香着香着淡了，散了；凡人采回的花蕾花朵，开着开着败了，干了。<u>而诗人采回的春天，却永恒地绿着，香着。</u>白居易的春草，从唐朝绿满书卷，绿到了今天；辛弃疾的春花，从宋代香满庭堂，香到了今天。

（原文有删减）

1. 根据你对文章的理解，下列描述错误的一项是（　　）。（3分）

A. 本文开头说"日子这么紧紧张张，应该过得快"，可人们却觉得它漫长，是因为冬天寒冷、没有生机和难熬。

B. 第⑥段"采春"，句末用了感叹号并独立成段，结构上承上启下，内容上表达了作者对春天的赞美之情。

C. 第⑧段中"还有人比他们，比她们更贪婪"，这里的"贪婪"指的是白居易、辛弃疾等诗人对春的"大动心"，回到家仍迷醉不已，用笔采回春天。

D. 本文语言优美，多用叠词，长短句结合，富有节奏音韵美。

2. 文章的标题是《采春》，为什么开头却要描写冬天的漫长和寒冷？（3分）

_____

_____

_____

3. 从修辞手法的角度，赏析文中第⑦段画线句子。（4分）

_____

_____

_____

4. 本文和朱自清的《春》都表现了春天的美好，但描写侧重点有所不同，《春》对 _____ 作了生动细致的描绘；而本文的第④—⑧段则着重描写了 _____。（4分）

5. 请谈谈你对第⑨段画线句子的理解。（5分）

_____

_____

_____

尖尖脚上的奶奶

名师导读 ▶

　　作者由奶奶的小脚写起，回忆奶奶艰辛的一生，中间插入窅娘裹脚的故事，写奶奶不容易的同时也道出了古代女人的无奈。文章开头结尾相互照应，舒缓悠长的笔风，给人一种娓娓道来的感觉，字里行间充满了对奶奶的怀念之情。下面我们就到文中去看一下小脚奶奶吧。

❶ 把奶奶走路的姿态比喻成鸭子，生动形象地写出了奶奶小脚走路摇晃的姿态。

　　① 从我记事起，奶奶就在一双尖尖脚上摇晃。走动得快，摇晃得快；走动得慢，摇晃得慢，诚如从河里上岸的鸭子。

　　奶奶的摇晃是我童年的谜语。那谜底被奶奶包裹在一条好长好长的带子里。以至于那谜底头一回绽露

在我面前时，我怎么也不敢想象这个春光如画的世上
竟然有那么惊人的情节。那是个深春的上午，日头有
了亮丽却没有带出炎热，屋里退尽了阴冷却还潜伏着
残凉，院中的气象柔顺出姑娘般的妩媚。<u>①虽然，桃</u>
<u>花已经零落，散碎在地上的花瓣一早一晚尽被扫去，</u>
<u>可是，石榴树却爆红了，而且，红得比桃花要深，要浓，</u>
<u>像是更懂得这时光就需要这样的颜色。</u>

就在这样的颜色里，我解读了长带子里的谜底。

那日，院子里很静。头上的飞燕偶尔会叫出一声，
随着那紫黑身影的闪过和脆响声音的消散，这世界越
发迷醉于醇厚的静寂中。<u>②奶奶摇晃来一盆水，摆在</u>
<u>那静寂的深处，而后坐在水盆边的蒲墩上，事情也就</u>
<u>进入令我惊诧的情节。</u>

我瞪圆的眼睛随着奶奶手中的带子转圈，一圈，
一圈，那带子松散开来，蛇绕在地上。最后的带子头
滑落下地时，深厚的静寂一下破碎了。破碎发出的巨响，
令我轰然跌倒。多少年后，我回眸那时，并没有发现
那巨响对他物的危及，石榴花依然红浓，桃树梢依然
绿翠，紫黑的燕子依然不经意地啼出一两声……我才
明白，那巨响发自我的灵魂深处。

我绝没有想到天底下会有这样的脚：指头连同半
个脚上的骨头折断了，弯曲回来，蜷缩进自家的脚心。
脚心叠起丘垒，丘垒峥嵘显赫，打破了正常的格局。
这解释奶奶走路摇晃的谜底给了我炸雷般的轰击。好

❶ 环境描写，描
写了深春桃花零
落、石榴花正艳的
情景，渲染了一种
凄美的氛围。

❷ 这句话描写了
奶奶洗脚之前的动
作，推动了故事情
节的发展，引出后
文对奶奶解开带子
洗脚情节的描写。

一会儿，我才收拾起自己的灵魂，重新探寻奶奶的举止。奶奶已撂下手中的剪刀，完成了洗脚剪指甲的一应程式。

我怯怯地问奶奶：

"疼吗？"

奶奶说："不疼"。

说完，奶奶看我一眼，似乎看出了我的疑惑，又说："刚缠的时候，疼得厉害，我还哭哩！"

我连忙问："那为啥还缠呀？"

奶奶不答，只说："你还小，不懂事！"

是的，我还小，不懂事。可是，我会懂事。世事的长带子一次次松散开来，人间的秘密一点点成为我的智识。我在历史深处看到一个春江花月夜一般的南唐，看到南唐的李后主沉醉于歌舞缭绕的迷宫。①迷宫中有位窅娘，窅娘的容貌体态，歌喉舞姿都是花一样的形色。然而，在花色的迷宫中，若没夺目之光，任何一朵花都难得到君王的宠幸。窅娘同其他花魂一样，在繁闹的宫闱里享受着难以言说，又难以忍受的寂寞。

窅娘就是窅娘，她消失后的再现，立即爆发出惊世的奇观。原来她和别人一样的两只脚蜕变为世间少见的尖尖脚。那脚上支撑的丽目长袖，以及由之颤抖摇晃出的歌舞，也产生了令人炫目的奇异效果。②窅娘顿扫深宫的寥落寡淡，宠为后主李煜的爱物，体态

① 对窅娘的体态、舞姿、容貌进行描写，比喻成花一样的形色，可是即便如此，也难得君王的宠幸，这为写女人裹脚的原因埋下伏笔。

② 这是窅娘裹脚故事的结尾，她终于用三寸金莲赢得了帝王的宠爱，可是裹脚也成为古代女子必经的苦难。这句话交代女子裹脚的原因，照应前文。

与灵魂勃发出燥热的季候。后主为爱物设置了莲花高台，她登了上去，蹈舞出别开生面的开心。自此，宵娘那惨痛的自我摧折传作了三寸金莲的话题。继而，在历史的曲径里三寸金莲演化为汉家女子必然的苦难悲剧。

无疑，奶奶也是这出荒诞长剧中的一个角色。宵娘的自我损毁充满了对生命的爱恋和热望，那么，奶奶呢？奶奶也炼制出一双负载生命的尖尖脚，她可否也有宵娘那样的企盼？^①奶奶企盼的是日子的富有，还是男子的渴慕？很难设想，若没强烈的热望，奶奶怎么会经受得住那痛彻心肝的折磨。终于，折磨成了奶奶的颠簸之舟。

奶奶是从汾河东岸摇晃到汾河西岸乔家的。奶奶嫁来的原因说法很多。有门当户对之说，两家都是村里稍有头脸的富户；有男人英俊之说，爷爷日后的行踪写照了这样的形影。但是，更直接的原因却是循环在老奶奶脉络中的血色。老奶奶是从汾河西岸的我们村嫁到对岸去的。她岁月的皱纹里刻满了汾河上的惊涛，历险的船只每回靠岸，她都庆幸自己往后还有历险的日子。可是，每每挨近这惊涛，魂魄的颤抖就难以遏止。她只好将历险的次数简略到不能简略的地步，唯剩下给祖先上坟拜墓了。然而，那波涛仍不放过她，每次都要给她留下新的震撼。^②也许，就在这无奈的当口，奶奶成为老奶奶目中的希望之光，因而，成年

❶ "我"在猜想奶奶裹脚的原因，猜想是什么样的热望让奶奶忍受那痛苦，这个猜想推动故事情节的发展，引出下文奶奶裹脚的原因。

❷ 这就是奶奶嫁人的原因，是要代替老奶奶奉祖上坟，字里行间流露出对古代婚姻的无奈。

后的奶奶回归西岸也就顺理成章，她嫁来的要义是替代老奶奶奉祖上坟。

带着这样的使命，奶奶摇晃进了乔家门第。爷爷那会儿还在城里上学，书生意气笼罩了他的身心。他无法违拗父母的意愿，父母也无法支配他的情感。尖尖脚上的奶奶进入了惶惑岁月，多亏奶奶并不知道世上有个因小脚而讨得宠爱的宵娘，否则，她的颠簸日子更会沉淀进幽深的沮丧。

爷爷先是上学，再是做事。上学在外边，做事也在外边。奶奶和她的尖尖脚共同品尝着人世间的冷漠乏味。乏味是痛苦的，也是平静的。忽一日，乏味失却了，要想追回乏味中的平静，连同那平静中的痛苦都成了幸福。遗憾的是，这一切都无法回复了。①先前三年五载偶尔回一次家的爷爷在战火硝烟中没了踪迹！

奶奶的尖尖脚上又平添了新的重量——焦虑。此时，奶奶生命的要义已成为打发日子，拉扯孩子，而这一切都离不开她那尖尖脚更频繁的摇晃。

我晓些世理后，村里的老辈人说，你奶奶不易，还下过稻田哩！

那时候，女人下地的很少，何况是下稻地。我问过奶奶，奶奶没答，唯有两行泪水簌簌落地。后来，我作务稻子，双脚进地，立马陷了下去，只有不停移动脚窝，才能免去难以拔步的忧虑。一天下来，喷涌青春色泽的我筋疲力尽，落枕即眠。这艰难的劳作使

❶ 再一次展现了奶奶婚后生活的痛苦，原来只是冷漠乏味，现在重填了新的焦虑。

我想到奶奶，她那一双尖尖的小脚何以经受得住这苦难的煎熬？

时光倘会倒流，或说，人们可以透过光阴看到明日的前景，那么，奶奶还会去损毁自己吗？还会用苦难缔造尖尖脚吗？我不敢断论。我只知道，尖尖脚导致的颠簸构成了奶奶悲苦的生命。如果这生命再往前运行一程，就会风平浪静，柳暗花明。① 这形容并不空洞，包含着爷爷有了书信，回归故里，阖家团聚。遗憾的是，没到此时奶奶去了，那双尖尖脚如同她生命的预设一样，将她的身体和颠簸的世事缕连得难分难解。似乎一旦没有了艰辛的摇晃挣扎，奶奶的生命也就没有了存在的价值。奶奶消失了，连同她那双摇晃世事的尖尖脚一同过早地消失了。

消失的日子过去好远了，可我的奶奶，尖尖脚上的奶奶依然在我的眼前晃动，颠簸……

❶ 这是奶奶故事的结尾，奶奶没有等到阖家团聚就去了，更加突出了奶奶一生的艰辛。

延伸思考

1."最后的带子头滑落下地时，深厚的静寂一下破碎了。破碎发出的巨响，令我轰然跌倒。"请你说说对这句话的理解。

_____

_____

_____

2. 读完全文后，你觉得奶奶裹脚是为了什么？

_____

_____

_____

3. 奶奶身上应该有很多值得回忆的事情，为什么作者会从奶奶的小脚入手写起？

_____

_____

_____

父亲是棵刺

名师导读▶

很多人把父亲比喻成山，但是头一次听说有人把父亲比喻成刺。文章通过四件事来写父亲保护弱小、有爱心的性格特点，每一个故事都讲述得十分精彩，采用动作、语言、神态描写等描写方法将人物刻画得栩栩如生，给人留下深刻的印象。下面我们就到文中去认识一下这像棵刺一样的父亲吧！

意　象

我想写父亲已有很长时间了，迟迟下不了笔是因为对父亲的形象总是把握不准。手头上写父亲的文章成沓成摞，人家的父亲是山，是峰，是岳，挺拔得都要雄伟了。^① 我也想让父亲有无限风光，多少给自己添点光彩，即使自己不是龙种，好歹也挂搭上个龙的

❶ 这是"我"的一段心理描写，描写了我在找一种和父亲形象相近的意象的过程，这种矛盾的心理引起了读者的阅读兴趣。

传人。然而，思考来，想象去，那山，那峰，那岳，哪一种意象也和父亲相去甚远。我要写的父亲，当然是我的父亲，不能像小青年过圣诞节，硬对着老外的牌位祭祀狂欢。我挖空心思给父亲找到了一种极为相近的意象，然而，不仅不高不大，甚至渺小得有些气人，因为我觉得父亲是一棵刺。

刺是乡间的野物，田角沟边多的是茹茹刺、酸枣刺，还有我们曾经在歌声中要披荆斩棘的那种棘棵刺。刺是植物护卫自身的武器，以保自己的春花变成秋果。这是植物的精明，人却将植物的精明变成了自己的精明，将野刺割了回来，栽成围栏，叫作篱笆。这样的篱笆，不仅野兽不敢侵扰，就是鸟人也畏避不近。因而，有人用刺扎墙，就有人用刺扎门。古诗云："柴门闻犬吠，风雪夜归人。"其实，那柴门就是刺门，乡村人习惯叫刺扎门。① 我将父亲视作一棵那门上、墙上的利刺，实在有些欠妥。显然，这样作比与国人光门耀祖的传统落差太大。但是，不这样我又觉得有负父亲要我诚实做人的家训，因此只好冒着被人在背后戳脊梁骨的风险如实道来。

❶ 交代把父亲视作刺的原因，体现出父亲良好的家训，引出了后文对父亲故事的介绍。

生 成

之一：

父亲成为刺，绝不是我的臆想和杜撰，追根溯源，由来很久了，久远到了还没有我的年头。那年头，他也就十七八岁吧！十七八岁的年龄被村人视为毛头后生。毛头后生是说办事没谱，毛手毛脚。恰如，我要说的这件事足以论证村人成规的正确。这一天，父亲叫上他的拜把子弟兄长英，干啥？卖豆腐。那段时光他俩就是操持此业维持生计的。刚到豆腐坊前，就听见有人嚷叫：

① "叫你去，就得去，你还敢和老子犟嘴！"声音挺横，是村警社保在吵。

接下来是豆腐三的求告："好叔哩！我不是不去，你看我家小花妈刚坐下月子，我这豆腐汁刚上到包里，她不能照看，我漏完这包就去……"

豆腐三是外乡人，逃难来的，住在庙前的破庵里。初来时见天讨饭，后来扎了根，做起了豆腐。因为排行老三，人唤豆腐三。外来人在村警眼里是个软柿子，派公差当然捏到豆腐三的头上。

他求告未了，社保就吼叫开了："你小子还有理？立马去！"

"我过半个时辰走行吗？"豆腐三似乎要哭了。豆腐上包不漏完，就废了，那可是养家的本钱呀！

"不行，再不走，老子出你的窑！"

出窑是砸东西的代名词，话音一落，就听庵里有了响动，是豆腐三挨了巴掌。

② 父亲和长英就在这时窜了进去，社保抡起的胳

❶ 这段对话描写表现出了村警社保的蛮横无理，和豆腐三的哀求、弱势形成了对比，正是这样的处境，为后文父亲的出场埋下伏笔。

❷ "窜"表明了父亲和长英动作的快，"掐住"可见父亲在阻拦豆腐三挨打，他们在保护弱小。社保的语言、动作、神态表明了他对父亲行为的不满和不屑。

137

膊被掐住了。社保回身看了父亲一眼，不在意地说："别拦我，看我收拾这小子！"

社保持的理是，官为官，民为民，和尚为的寺里人。父亲和社保是一个村的人，且是邻居，胳膊肘不会往外弯吧！哪里知道，父亲和长英这胳膊肘就是往外弯，拽得社保无法再撒野，还数道说：

"你太不通人性了！人家老婆坐月子，里外要忙，阎王爷还可怜鬼瘦，你就不能另找个人？"

社保是何等人？是村警。村警说话就是理，还能受这毛头小子的拆洗？他蹦跳着甩开父亲，吼叫："老子偏要他去，碍你啥事！"

❶ "一叉腰横在""掇起"可见父亲和长英摆出了保护豆腐三、阻止社保耍野的架势，这个架势正是父亲是棵刺的表现。

①嚷着又要耍野，父亲一叉腰横在了他和豆腐三中间。社保正要抢臂，长英已掇起了烧火棍。见势不妙，社保灰头灰脑地溜了。溜到门口，撂下一句："等着瞧！"

瞧不瞧那是后事，今儿个却救了豆腐三的燃眉之急，父亲和长英笑了。

❷ 社会环境描写，交代了故事发生的背景，在那个思想不够开明的年代，搞对象还是不能公开的，这为后文荷花和水生搞对象得不到家长支持埋下伏笔。

之二：

这事儿父亲管到了家门口。门口住着王福。王福老头的女儿荷花和小伙水生搞上了对象。荷花和水生，听名字就是天生的一对儿。②可那年头搞对象还是个稀罕事，他俩就不敢像现在的小青年在光天化日下明搞，悄悄趁天光暗淡的黄昏钻进了芦苇湾幽会。选定这样的时辰和这样的地方，还不就是为了避人耳目，减少口舌上的是非？偏偏世上的事情就是这么奇怪，你办堂皇事想在众人面前炫耀一下，可没有一个人待见。而不想让人看见的事儿，东躲西藏却钻了头脑露了腚。

那天，荷花和水生幽会就碰上了个老头。这老头不偏不倚还就是荷花叫爸的王福。王福在田里锄草，眼看日头落了，撂下活儿就要回村，眼前跑过只兔子。兔子跑得快，往常过也就过去了，用他的话来说就是"那日真是惹上了鬼，不知为啥跳起来就追"。三追两追，兔子钻进了芦苇湾。芦苇湾草盛叶茂，兔子进去哪里找得见影子？王福本该停步了，可他真是鬼迷心窍了，竟然紧步窜了进去。

①接下来的事儿你肯定猜着了，王福没有逮着兔子，却逮着了比兔子还惊慌的荷花和水生。

接下来的事儿，你无论如何也猜不着了，因为主导王福做派的绝不是我们现在的思想。他认为荷花丢尽了他的脸，门一关，荷花再也走不出屋去了。水生没了招，又不敢上门找荷花，忽闪着眼睛找到了我父亲。父亲那时年轻气盛，哥儿们的事哪能不管？他一拍胸脯去找王福。

②王福把头摇得像是风中的麦穗，一晃三摆的，不用说父亲碰了钉子。碰钉子也罢，王福竟出语伤人，说什么"你小子吃饱撑的！"。

❶ 交代了故事的情节，起到承上启下的过渡作用。

❷ 把王福的头比喻成风中的麦穗，生动形象地写出了他拒绝父亲提议的样子，可见王福思想的不开明。

139

说什么难听话都可以，唯有这"吃饱撑的"不实事求是。那年头别看村上移风易俗搞得蛮有劲头，可这吃饭多是饥一顿，饱一顿的。王福这话噎得父亲够呛。那一天，父亲准是憋红脸走进农会的。往常走进就走进了，脸红就脸红吧，不料这回却被包村的乡长看了个正着。乡长拉着村长来找王福，当然也没落下父亲。王福这人真是不识火色，说父亲吃饱撑的也罢，竟然说人家乡长也是吃饱撑的。乡长可能就是吃饱撑的,而且还要撑出点颜色给王福看。他一拍胸脯主了婚，把荷花嫁给了水生。

王福没了招，气胀了肚子，憋红了脸，也不敢把乡长怎么样。可这一肚子气总得放呀,接亲的人马一走,乡长当然也走了，王福张口就骂上了，不骂村长，更不骂乡长，句句冲着我家的门。骂得那个难听呀，让听到的人都说王福老汉咋不说人话?

父亲这棵刺扎了王福，可也被王福这刺扎了个呛。

之三:

记得父亲替豆腐三打抱不平时，社保说他是胳膊肘往外弯，不为本村人，而护外乡人。这一回，父亲的胳膊肘弯得更厉害，连本家人也不为了，卫护的是外姓人。

说来并不是什么大事，可父亲说做人咋能不讲是非，他挺身而出弄得偓媳无言以对。① 事情的起因是

① 这是对故事发生的社会背景的交代，告诉读者老二家的处境，说明了他不敢乱说乱动的原因，突出了他的隐忍。

老二家的房基。老二曾是个戴帽的管制分子。几十年里被折腾得只能规规矩矩，不敢乱说乱动。世道变了，帽子摘了，心思大了，想钻出低窝小厦住大瓦房，先垒起了个房基。还未及往上盖，房基就成了儿童乐园，猴崽们攀上爬下玩得欢快。玩就玩吧，老二没吱一声，千不该，万不该是侄儿家那毛孩竟然往下扳基墙上的砖块，这不等于拆墙吗？忍气吞声惯了的老二不得不开口了，他要那娃停手，那娃不理睬。老二总算发了一次火，声音一高，把娃镇住了，还镇出了哭声。

在哭声中登场的是侄媳。侄媳是蹦跳着出场的，见心肝儿子哭了，不由分说就指骂老二。① 老二瞪她一眼圪蹴在地上不吱声了，多年的折腾就被拿捏成了这种熊样子！侄媳还不依不饶，继续拍着屁股叫骂。

父亲便在这当口出了场。说出场不算准确，应该说是亮相。父亲已在吵嚷声初起时就出场了，出场的人很多，左邻右舍都被这吵嚷声惊来了。来的人很多，都瞅着侄媳发混没人吱声。父亲却大喝一声，站在了侄媳面前，厉声说：

② "你犯哪门子浑？明明是你娃的过，吵人家老二什么？房基坏了能重修，你惯坏了娃能重来吗？"

侄媳降住了老二，好不得意，吵嚷得嘴中飞沫溅絮。父亲突然横打一炮，她着实懵住了，当下闭了口舌。正午的大太阳下猛然静寂得像是没有一个人了，可是

① 老二的熊样和侄媳妇的不依不饶形成了对比，"圪蹴在地""拍着屁股叫骂"生动形象地刻画出两人的人物形象。

② 语言描写，再次表现出父亲大公无私的性格特点。

141

那一双双闪亮的眼睛都盯着撒泼叫骂的侄媳，看她怎么表演下去。侄媳环视一周，从那些眼光中读出了孤立，顿时愣住了，愣得简直不知该怎么收场了。时光就这么静寂着，侄媳可能觉得锋芒在背了，"哇——"，大号一声就向屋里钻去。

众人哄然一笑，散了。

锁　定

以上事例可见，被父亲扎了手的人确实不少，还可以写之四、之五。限于篇幅我无法全部如实照搬实录，只能择要选取。然而，就这几例也可认定父亲是棵刺了。

可是，就在我要锁定这个意象时，突然又出了这么一件事。

街头，一位老者缓慢行走。突然，从另条巷中飞出一辆自行车。飞车直撞老者，老者栽倒在地。顿时，鲜血从嘴里流出。车上跳下来的是个学生，扶起老者说：

"对不起，对不起大爷，我去高考，怕迟了，骑得太快了！"

说着，转身要走。一旁已围上来好多人，都说："别走，看老人摔坏了没有。"

老者吐一口血水，居然蹦出两颗碎牙，却说："让他去吧，别误了娃的考试！"

考生不走了，惊慌地说："大爷，你的牙摔掉了，我领你去看。"老者说："没事，那是假牙，你快走吧！"

学生走了，周围的人都说："好人，好人，难得的好人。"

这位众人眼中的好人，也是我的父亲。^①父亲嘴肿脸胀，一连数日只能以流食充饥，却喃喃念叨："不知那孩子考得咋样？千万别受了惊吓，影响临场发挥……"

这件事中的父亲动摇了我给他的形象定位，此时他不扎手了，我还能以刺为喻吗？

不过，我忽然想到了刺扎墙、刺扎门，那物所以扎手是为了呵护内中的物什。^②进而想到，冷厉和温情恰是利刺的两面，迎恶而刺，遇善而温，岂不正是刺的品格？我不再犹豫了，锁定了本文的意象：

父亲是棵刺！

❶ 对父亲的外貌和语言进行描写，"嘴肿脸胀"可见父亲的伤势不轻，可是即便这样他依然挂记的是孩子的考试，可见他对孩子的爱。

❷ 总结全文，深刻地解释了刺的特点，表现对父亲的敬佩、赞美与爱。

延伸思考

1. 作者为什么一开始写父亲爱管闲事、做事鲁莽的事件呢？

_____

_____

_____

2. 文章用"意象""生成""锁定"三个部分来写父亲，这样的安排布局有什么好处？

_____

_____

_____

3. 请你说说作者将父亲的意象定位为"刺"的深刻含义。

_____

_____

_____

落雨的冬天

人的一生中会有很多重要的人、重要的事难以忘怀，文中的老领导张仁毅就是作者工作中遇到的一位重要的人。凛凛冬雨，由景入情，作者娓娓讲述，向我们刻画了一位仁厚、宽容、智慧、体恤下属的好领导形象，表达了作者心中深深的怀念。下面我们就到文中来看看是怎样的一位领导吧！

①天阴得像我的心境一样，云浓，雾重，愁闷闷的，我去送别我的老领导张仁毅。

算来在他手下工作是三十年前的事了。那时，我刚由民办教师借用到公社当秘书，写文章。写文章对我来说不是难事，可是写好公社的文章不是易事。难就难在，写这文章需要吃透总体情况，还要对现状实际有准确表述。初到公社，当然不会有这么清醒的认识，只能在混沌中摸索，摸索得十分吃力。就在这时，我

❶ 环境描写，渲染了一种悲凉惆怅的氛围，衬托出人物悲伤的心情。

听说公社要来一位副书记，而且是在县委写过文章的笔杆子。我的心咯噔一紧，真怕日后的文章更难交卷。

① ①这一日，一位大个子推着自行车走进公社，鼻梁上架一副眼镜，头上戴一顶鸭舌帽，看上去文静和善。我正端详他，已有人迎上去叫"张书记"，这就是我的新上级。其时，我并不知道这是上苍赐予我的福音，怯怯地近前去也和他握手，他没有笑，还有点严肃，甚而冲淡了我远看他的和善。好在当别人介绍我时他说了句："写材料辛苦。"这话让我轻松了一些。

公社工作会议多，公文也多，尤其是讲话稿多。不日，我便领命给张书记写了个讲话稿，送去时我的心是提着的，唯恐交不了差又得点灯熬夜。出乎意料的是，他看了一遍文章，还夸奖写得不错。我从他办公室出来时一身轻松，晚上着实睡了一个好觉。可是，我注意到，在次日的讲话中他改动发挥得真不少，而这些改动发挥都是些务实的东西。我听后受到了不小的启示。

给他写过几次讲稿，我渐渐悟出了点门道，务实求真是公文的灵魂。有一日，我去送讲稿，他说："你出手快，笔头利，很少见，只是这么干太累。"他告诉我，这几日正好事少，我们一起写个调查报告。接下来，我俩骑着自行车转遍了16个村落，和干部群众开了不少座谈会，又翻看公社的大量资料，坐下来细细分析

①外貌描写，生动形象地写出了张书记文静和善的特点。

基本情况、总体面貌、特点优势，然后商讨出详细提纲，由我起草。①我从来没有写得这么顺手，完稿送他审阅，他不时点头，不时微笑，连连说我写得好。其实，这哪里是我写得好，是他教诲开导得好。就是这个调查报告，勾画出了金殿公社的基本面貌，成为以后各种公文的一个基调，也使我以后写文章省心、省事、省力多了。可以说，我在他的指导下叩开了写公文的大门。在生命的行程中，能遇到这样的高师，真是难得的幸运。

幸运接踵而至。我去领工资，26 元变成了 34 元。我说多了 8 块钱。会计笑着说，不多，领导给你加薪了。②我这才想起，写那篇调查报告的间隙，张仁毅书记曾问过我的家庭情况，听说我领 26 元，他皱皱眉说："日子挺难吧！"这件事我一点也没留心，没想到他会在党委会上提议给我加薪！也许现在看来，8 块钱太微不足道了，可是在那个饥馑的年代，有这 8 块钱就可以从粮站买一袋面，真是雪里送炭呀！

在金殿公社工作的时候，我二十岁出头，棱角分明，处理各种关系很难得体。有一次，我为一位领导写了个讲话稿，送阅后他再没有叫我。我满以为过了关，还有点沾沾自喜。孰料次日吃饭时，灶房里添了两个生面孔，一问才知道是这位领导叫来写讲稿的。③我一听很生气，如果你授意让我修改，我改不好，另请高明是可以的，如此做法，岂不是对我的不信任！一气之下，我请个假回了家，心想，反正在公社也是临

① 两个"不时"说明张书记对我这次写稿非常满意，他的鼓励给了"我"很大信心，也给了"我"很好的工作指导。

② 这里抓住张书记的神态和语言进行描写，可见他体恤关心下属，及时为下属排忧解难。

③ 心理描写，反映了"我"对领导做法不服气的心理状态，也反映出"我"冲动、心气高的性格。

时工，大不了又回村教书，不受这份窝囊气！

这日，我下地锄棉花，正干得卖劲，一抬头，张仁毅书记已站在了我的面前。我连忙停手，请他回家。他摆摆手，示意去河边小坐。我们坐在树荫下，他便问我情况，面对这位尊敬的长者、领导，我将满肚子苦水滔滔倒出。① 他听了，没有马上说话，停了停才说："有个成语你应该记牢：任劳任怨。对你来说，任劳不是问题，可是若不能任怨，也会毁了任劳。"我听了，头脑一震，立时心头豁亮。此时，树下凉风习习，拂去了我浑身的燥热，也拂去了我胸中的郁闷。我对他说，下午我就去上班。听了我的话，他点了点头，我明白他放心了，站起来，请他回家一块吃顿午饭。他不去，推着自行车和我走出田间小路，一蹬腿，顶着正午的酷热走了。

几年后，我调到县教育局工作，他也升任泊庄公社的书记。从城里回家，泊庄是必经之路，时常就拐进公社去看望他，多是想听听他的指点。去多了成了规律，每两周我便要去一次，每去，他也肯定在办公室里。我们无话不谈，不少工作中的问题我都告诉他，他会肯定长处，指出缺失，哪怕是严厉的批评，我也乐意恭听。② 有时，他也说些往日旧事，以及班子里的摩擦。然后说，百人百性，这就是社会，哪能诸事遂心呢！此时我进一步领会了任劳任怨的意思。我清楚记得那一次，他谈完了一位领导对他的戒心防范，

❶ 表现出张书记的智慧和得体的处理问题的方式。

❷ 从这些话中可见张书记对人性和社会看得多么通透，他这些话令"我"也受益匪浅，这也是"我"佩服和尊敬他的原因之一。

以及自己的委屈，令我心酸，不由对那位领导心生反感。他看出了这点，诚恳地告诫我："你不要受我的影响，人家对你是实心实意的！"这平常的一句话，让我大受震动，我抬起头望着他，有说不出的敬意；这平常的一句话，让我受用一辈子，日后每遇人事磕碰，我就会想起这动心的忠告！我接触过的人不少，多是和别人有了芥蒂，都想拉你入伙，去攻讦对方，只有张仁毅才这么公正忠厚，让你善待和他有过节的人，这是何等的境界！

张仁毅是我的领导，更是我的恩师。他不仅教我怎么撰写公文，还教我怎么为人处事。①他的闪光人品已成为我生命行程中不可缺少的灯塔。后来，我们同在政府大院工作，隔些时日我便会去拜访他，聆听他的教诲，即使在他退休后，这种拜访也没有间断过。我总认为，这样一位领导、恩师会永远当我的好向导，引领我的行程向希望的峰巅攀升，哪能想到尚未古稀的他便会辞世而去。这猝然而至的打击，让我痛断肝肠！

这日，面对安卧在鲜花丛中的他，我心碎欲坠，两行热泪肆横颜面。来悼念的人真多，簇拥着我，恍恍惚惚走出告别厅，丝丝冰凉滴在脸上，下雨了。②我突然明白了，苍天也有情！这稀有的冬雨，飘洒着我无限的情思……

❶ 把张仁毅的品性比喻成"我"人生中的灯塔，体现了他对"我"一生的巨大影响。

❷ 这句话又写冬雨，照应开头，再次渲染一种悲凉的气氛，表达了"我"对张仁毅的无限思念和哀悼。

延伸思考

1."有一日，我去送讲稿，他说：'你出手快，笔头利，很少见，只是这么干太累。'""我"写的材料明明是缺少务实的东西，为什么领导不批评反倒这样说呢？

_____

_____

_____

2. 文中一共讲述了关于张仁毅领导的几件事？请用简单的语言概述。

_____

_____

_____

3. 文中用怎样的词语描写领导去世后"我"的心情？为什么"我"会有这样的心情？

_____

_____

_____

生命形色

世界上有形形色色的人，他们有的是凡人，有的是文人，有的是诗人，有的是伟人，还有极少的圣人。作者抓住这几种人的本质特点，采用对比的手法，形象展示了这些人的不同，让我们对这些人有了一个全新而深刻的认识。下面我们就到文中看看这些人到底有什么特点吧！

文　人

词典解释：文人是写文章的读书人。

照这么说，现今的文人够多了。读书的人多了，写文章的人也多了，自然而然文人也就多了。

① 可是，我总不以为然，似乎写文章的人不一定都是文人。真正意义上的文人应该卓尔不群。

这是书面话，好听的话。说透了，文人就像不随

❶ 这句话摆明了作者的观点，起到提纲挈领的作用。

151

群的羊，要像不入流的水。人们朝东走，说不定他要朝西去；人们朝南走，说不定他要朝北去。你有你的办法，我有我的主意，而且，我这主意要是打定了，任多少匹烈马也不能把我拉转回头！

①——莫非这才是文人的样子？

所以不随群，不入流，是因为文人除了像别人一样过日子外，还不停地看书。书这东西，无疑是个好东西，记载的都是前尘旧事，都是人生要义，少不了透露一些做人的真谛。读着读着，上知了天文，下晓了地理，看得穿迷雾，悟得透世理，原来这书中泄露的就是天机，怪不得当初仓颉造字，"天雨粟，鬼夜哭"，不就是怕人们知晓了天地间的奥秘？

文人得道，身在今日，心在明日，眼前的诸多事情就难以尽心如意。看上去七高八低，错错杂杂；走进去七上八下，坎坎坷坷；要梳理七扭八挂，纠纠缠缠……这境况与心中的天地，与明日的世理，差之千里万里。**②**于是乎怨气陡生，愤愤难平；于是乎指手画脚，数道斥骂；于是乎免不了遭冷遇，看白眼，受到他人的冲击……

这就注定了文人的境遇，曲曲折折，起起落落；

这就注定了文人的日子，孤孤独独，寂寂寞寞；

这就注定了文人的心情，郁郁闷闷，忧忧愁愁。

因而——

③文人做事，不会坑蒙拐骗，昧着良心发财；

❶ 表明了作者心中的疑问，也引起读者的思考，吸引读者继续往下读。

❷ 列举了文人行为的数种现象，阐明了原因，可见作者细致的观察能力和缜密的逻辑思维。

❸ 这是作者对文人做事、从政的一种评价和观点，表现了文人的善良和真实，这是文人的一种真实写照。

文人从政，不会浮夸虚报，厚着脸皮升官。

所以——

苏东坡一垮再垮；

柳宗元一贬再贬。

即使连电视剧里的那个刘罗锅不也被摘了宰相帽，贬成了个城门官吗？

然而——

世事越千年，这些难活的人却轻易死不了，活着，活着，活在口舌中，活在书卷里，甚而，还能风光在电视电影上。

① 活着，艰难可怜。

死后，风光体面。

——文人，难道就是这般！

诗 人

诗人，是明天的人，不是今天的人；

诗人，是理想的人，不是现实的人。

人们常说：文人无形。其实，最无形的是诗人。

所以说，诗人是水一样的人，不是山一样的人。

② 诗人像水，还是流动的溪水河水江水，不是凝定的池水塘水湖水。诗人更像是变了模样的水，像汽像雾，不像固定不动的冰。

诗人是好人，好人心最好，好就好在他要世间天天都花好月圆，坏也就坏在这里。花好月圆确实人人

❶ 写明了文人的真实处境，他们因为不懂圆滑处世所以活着艰难，因为写出了传世文章，所以死后受到尊敬和膜拜。

❷ 采用比喻的修辞，把诗人比喻成流动的水、变了模样的水，生动形象，向我们展示了诗人的形象。

喜爱，可是世间难能天天如此，花开就有花落，月圆必然月缺。无花的日子多过花开的日子，月缺的日子多过月圆的日子。

① 采用排比的修辞，写出了诗人盼花、爱花、想花的三种境界，抓住了一个"忧"字来写诗人的特点。

① 无花的时候，诗人盼花，盼得食不甘味；开花的时候，诗人爱花，爱得不识晨与昏；花落的时候，诗人想花，想得人比黄花瘦——诗人难以解脱个"忧"字。

无月的时候，诗人盼月，盼得夜来难寐；月圆的时候，诗人爱月，爱得人约黄昏后；月缺的时候，诗人想月圆，想得生死两茫然——诗人难以解脱个"愁"字。

诗人活了一生，忧愁了一生。

因而，诗人常常：念天地之悠悠，独怆然而涕下！

诗人忧愁了的时候，也想解忧。何以解忧？唯有杜康。这就把诗人泡在酒缸里了。所以后人说，李白斗酒诗百篇。诗是写了不少，但是忧愁没解，不然何会还有：举杯浇愁愁更愁？

说透了吧？诗人都是想掌权的人，想用权力保证花好月圆。

可是，诗人什么都可以干，就是不能让他掌权。南唐后主李煜掌过权，权掌成了个什么样子呀？亡国！别人遭了多少殃不说，他自己也问君能有几多愁，恰似一江春水向东流。

掌权是操持今天，不是想象明天，不能有丝毫的浪漫。如果把诗人的浪漫带进治国的方略，那就难免不弄出个：人有多大胆，地有多大产。其结果弄得吃了今天没明天，忧愁倍添。

①看来，掌权人应该让天下人没有忧愁，减少忧愁。可是，没有忧愁就没有了诗人。

❶ 写出了诗人不适合掌权的原因，诗人善忧愁，哪里有能力为天下人减少忧愁呢？这种观点很有说服力。

生于忧患，死于安乐，一旦安乐到手，又向往新的安乐。诗人不能贪图安乐，贪图安乐的人可以把诗写得很完美，完美的诗不一定动人。不动人的诗死亡率很高，往往诗人还未死，诗已经死了。

诗要是死一首两首还罢了，要是死完了，诗人活着也不是诗人了。

伟 人

伟人是世界上成功的生命。

伟人的成功不同于普通人的成功。②普通人的成功，在于改变了自我的命运，以及与自我相关至殷的人的命运。伟人的成功，在于改变了一定时代的社会运行方式，也改变了许许多多人的命运。

❷ 拿普通人和伟人作对比，强调了各自的特点，突出了伟人改变社会运行方式和许多人命运的特点。

伟人是从凡人起步的。

凡人的历程上曲曲折折，坎坎坷坷，风风雨雨，霜霜雪雪。凡人一往无前，不畏曲折，不畏坎坷，不畏风雨，不畏霜雪，凡人就不是凡人了。凡人若是畏惧曲折，畏惧坎坷，畏惧风雨，畏惧霜雪，就永远是名副其实的凡人。

凡人通向伟人的历程还不仅仅是如何面对艰难，更为重要的是如何对待优裕。凡人也有舒舒适适，甜甜蜜蜜，幸幸福福，美美满满。①凡人拥有了舒适、甜蜜、幸福、美满就不愿意离开了，迷醉其中，不可自拔，所以才无法走出平凡。伟人则不然，他拥有了舒适，就要挣脱舒适；拥有了甜蜜，就要挣脱甜蜜；拥有了幸福，就要挣脱幸福；拥有了美满，就要挣脱美满。

❶ 这句话写明了凡人走不出平凡的原因，分析透彻，令读者称道的同时也反思自己的状态。

在凡人看来，伟人带着傻气、憨气，不会享受已经获得的优裕。

在伟人看来，今天的获得是小获得，今天的拥有是小拥有，明天的获得和拥有才是大获得和大拥有。而到了明天，明天又是今天，今天的前面又有明天，明天永远是伟人的目标。伟人的生命是艰辛的，唯其艰辛，伟人的生命才令人注目，也才有了不同于凡人的光彩。

当然，伟人的成功需要力量和智慧。

伟人以为自己力量太小太小，自己的智慧太少太少。凡人正相反，总以为自己的力量很大很大，自己的智慧很多很多。所以，凡人尽量发挥自己，而伟人尽量发挥别人。

❷ 拿伟人和凡人再次进行对比，突出了伟人善于借用他人的力量、学习他人的智慧的特点，指出了凡人和伟人的根本区别。

②伟人把别人的力量变成了自己的力量，把别人的智慧变成了自己的智慧；凡人则把自己的力量变成了伟人的力量，把自己的智慧变成了伟人的智慧。

伟人的富有在于——

拥有脑外脑，力外力！

凡人以为自己是成功最多的人，伟人则不同，伟人的成功只有一次，那一次不是一飞冲天，就是一鸣惊人，甚而是

——石破天惊！

圣　人

① 有位声名显赫的人物，在评价其亲密战友时使用过这样的话：像他这样的天才，中国几千年、世界几百年才出一个。

这话用来评价自己的顶头上司有些吹捧之嫌，可是用来评价圣人却再恰当不过了。

出个圣人确实不易。

圣人和伟人不同。

伟人是务实者，圣人是务虚者。

② 伟人用自己的行动改变社会，改变人的命运。

圣人用自己的思想改变社会，改变人的命运。

伟人也有自己的思想，但无论自己的思想怎么变，变来变去总带着圣人思想的痕迹；

圣人也有自己的行动，但无论自己的行动怎么变，变来变去总和社会和他人有着难以弥合的裂缝。

圣人的行动在当时，在当地，似乎就是怪诞的代名词。③ 圣人对人对物对事总爱评头品足，指指画画，

❶ 这句话摆明观点，告诉读者圣人难出，引出下文对圣人难出的分析。

❷ 这两句话只有一个词语之差，但是体现了伟人和圣人的区别，伟人注重行动，圣人注重思想，突出了圣人的更高境界。

❸ 把圣人比作老头子，突出他爱评头品足、唠唠叨叨的特点，话语中没有赞美，却真实、有道理。

在别人眼里也就是个唠唠叨叨不讨人喜欢的老头子。

圣人和社会有着深深的隔膜。

圣人要社会变成自己喜欢的样子，这社会必须改变原来习惯了的样子。社会的样子要靠人改变，人的样子不变，社会的样子也就改变不了。可是，人们总喜欢把习惯当成行为的尺子，用这尺子丈量和裁剪出来的行为只能重蹈覆辙。圣人的行为最先跳出了旧辙，因此，也就不合乎这把约定俗成的尺子。

圣人要活得好些，就应像世人那样。

圣人却嫌世人活得不好，没有像他一样。

孤独，寂寞，寥落，于是成为圣人的生活写照。

圣人无法用说话改变世界，也无法用行动改变世界，又不甘心让世界继续这么堕落平庸，所以，圣人只好用笔向世人诉说，诉说出与时代格格不入的方略。

这方略大多成为世人不屑一顾的异端邪说。

然而，多少岁月过去，后世子孙的所作所为居然全践行着那异端邪说。

这时候，昔年那不识时务的老人突然被尊崇起来，红得人人礼赞，紫得个个叩拜。遗憾的是，圣人却无法领略这般礼遇了。

可悲的是圣人。

可敬的是圣人。

❶——圣人是超前的人，可以跨越时代与后世子孙对话的人。

❶ 这句话是对圣人的高度概括，突出了他超前的特点，让读者对圣人有一个全新的认识，给人留下深刻的印象。

158

延伸思考

1. 根据文章内容，请你概括一下文人的特点。

_____

_____

_____

2. 诗人也算是文人，读完本文后请你说一下诗人与文人的不同？

_____

_____

_____

第五辑 往事存真

时光匆匆，转瞬即过。刚刚向往的明日，一闭眼，一睁眼，成为今日；再一闭眼，一睁眼，成为昨日。

逝者如流水。

流水匆匆过，会抵达江河，抵达大海，抵达波澜壮阔的汪洋。

人生呢？

无数人生只有明日，没有昨日。不是没有昨日，是懒于动笔，或者懒于敲击，而遗弃和丢失了昨日。从今日起勤奋起来，收藏下昨日，那会是你人生真实却无不珍贵的瑰宝。

【2020年江西省赣州市南康五中月考】

阅读下面的文字，完成小题。（18分）

柿子红

乔忠延

①柿子红，就是中国红。

②不，不，这么急急慌慌地直抵终极目标，实在有违柿子的品性。应该说，柿子红透了，才是中国红。

③柿子和挂在树梢的众多青果没啥两样，只要暑热一退，秋风便化作喝彩声，一阵一阵地召唤着它们成熟。谁不喜欢喝彩？早一点成熟似乎就能像奥运健儿那般，得到一枚光灿灿的金牌。看吧，伴随着喝彩声，青果们铆足了劲头，偾张了血气，竞相忙着早些冲到成熟的终点。早一分钟，早一秒钟，哪怕早零点零零几秒，那金牌说不定就会属于自己。

④橘子熟了，皮色还在泛绿——顶大也就是褪掉绿色，涂抹了一层黄色就算熟了。梨子熟了，只是橙黄了圆溜溜的外皮，那橙黄

很是纯粹，却与红色一点儿也不沾亲带故。苹果则不然，喜欢用红色美饰自个儿，可是有些心急，还没待红色涂满抹匀，便急火火宣告了成熟。因而，那红只是绿中夹杂着淡淡的红，或者黄中夹杂着淡淡的红，没有红遍身，更称不上红透体。称得上红遍身的是枣子，枣子不像橘子、梨子和苹果那般猛烈地冲刺，不管秋风喝彩不喝彩，依然不温不火地描画着自己的全身，先描下边的一个圈，再画腰身的一个边。如果就这么从从容容涂抹，中国红肯定不能独独属于柿子。偏偏就在这当口，中秋节抵达了。中秋可不是个平常日子，是月儿最圆，最亮的时候。这样的时光，一年才有一次，是呀，整整三百六十五个日出日落才能轮转一回。这样美妙的时辰，若不露个脸岂不是终生的遗憾？何况橘子、梨子和苹果，早就拿到了显赫人前的入场券。枣子沉不住气了，慌忙用红颜料大把大把地往脸上敷染。世上凡是急于求成的事，没有一件能够办好。枣子也无法摆脱万事万物的规律，一焦急，用过了劲，敷重了色，抹得深深的，若不是及早停手，准会像茄子那样弄得紫紫的。

⑤中秋节光临的时候，没有随波逐流的仅仅剩下了柿子。柿子依然像先前那般淡定，那般从容。秋风发出头一声喝彩时，柿子虽然也开始了生命的第一次转换，由青涩变为淡黄，可是随后，无论秋风喝彩与否，无论中秋的临近与否，柿子从未迷乱心性，从未忙乱手脚。一天天悠然过去，淡黄变作了中黄，中黄变作了深黄，深黄变作了橘黄，橘黄变作了橘红，橘红变作了曙红，曙红变作了鲜红，红色逐渐浸染着柿子的身躯。请原谅我没有使用"涂抹"一词，那的确不是涂，也不是抹，涂和抹都是外表的装扮，柿子却是在浸染自己，是在彻里透外地洗心革面。身心随着表皮变黄，变红，<u>在</u>

秋风远去后的一天，终于红成了晨曦里一轮喷薄初升的朝日——光彩夺目的中国红！

⑥中国红，漫山遍野的柿子一颗不少地全都变成了中国红！

⑦此刻，繁忙了一个春天，辛劳了一个夏天的柿树叶，终于可以放心地飘舞远游了。说是远游，还不如说是适时的隐退，让遮蔽在自己阴影下的柿子凸现而出，在碧蓝碧蓝的天空中，灿亮成颗颗明星，灿亮出秋果里唯有的一种中国红。

⑧此时回眸那些急于成熟的橘子、梨子、苹果和枣子，即使不苛求它们也是红色，绿也罢，黄也罢，紫也罢，哪里还看得见一个呢！让空旷的冬季不再荒贫的唯有柿子。柿子上的中国红闪耀着寒天里星火一般的生机。那么夺目，那么光彩！

⑨可是有谁知道，冠领寒冬的柿子从来没有出人头地的欲望，反而谦和退让了一生，总是把显摆露脸的机遇礼让出去。百草竞相萌发的初春，柿子没去赶这浪潮，最后生发嫩芽的才是它；百花竞相开放的初夏，柿子也没去追这时尚，最后爆开花朵的还是它；百果竞相成熟的初秋，柿子还是没去抢这风头，最后成熟的仍是它。柿子用自己惯常的淡定生长着，无论是绿叶，还是黄花，莫不展现出与世无争的品性。可就是这品性，凝结出了柿子红，中国红。

⑩柿子红着，荷尽已无擎雨盖；它红着，菊残已无傲霜枝；它红着，一直红到雪花飞舞梅花爆开的时节。

（选自《光明日报》2015年12月11日15版）

1. 简析第②段在文中的作用。（4分）

_____

_____

2. 分析文中画线句子的表现手法和表达效果。（4分）

（1）伴随着喝彩声，青果们铆足了劲头，偾张了血气，竞相忙着早些冲到成熟的终点。

_____

_____

（2）在秋风远去后的一天，终于红成了晨曦里一轮喷薄初升的朝日——光彩夺目的中国红！

_____

_____

3. 文章结尾语言精妙，含义隽永，请加以赏析。（4分）

_____

_____

_____

4. 文章写柿子其实也是写人，那么，文中的柿子有哪些值得我们学习的品性？（6分）

_____

_____

_____

冰

寒冷的天气给我们带来了奇妙的体验，冰的美好形态和玩冰的乐趣给孩子的童年增添了美好的回忆。本文采用比喻、排比等修辞描写了冬日里冰的美好，作者从中悟出深刻的道理，体现了作者不凡的想象力和对生活的热爱。下面我们就到文中去感受一下吧！

① 通过描写女人、男人的动作，刻画了一幅和谐、悠闲、温暖的冬日农村的画面，给人一种静谧、幸福的感觉。

入了冬，刮过几阵西北风，天骤然冷了。我们的村落立即被冰雪包围起来。这时，再勤劳的人也不得不松下手中的活计，开始迷恋热烘烘的炕头。① 在温暖如春的屋子里，女人们做些针线活，男人们边拉闲话，边嗑瓜子，间或抽上几锅子旱烟，弄得青烟袅袅，

166

全家也就沉浸在一年劳作希求的幸福中了。

小时候，我却不贪图这种幸福，一点儿也不迷恋那暖烘烘的热炕头，我迷恋的是从窗户玻璃中看到的冰天雪地。那儿才是我的自由世界，那里才有我渴望的幸福。奶奶却怕我冻坏，不让我出去，只有趁她不留意，才能溜出去，飞到自由天地。

出了门，我一口气跑出村，跑到遍地冰封的世界里。这满地的冰，惹得我好不奇怪。①春日那一汪汪镜子般的水田，成了一方方洁白的大玉块。一块一块，一直排延到天边。夏日那潺潺欢歌的小溪，成了一条银白的素练，直飘到旷野尽头，像是把大地缠裹起来。我乐了，滑冰、砸冰、搬冰、扔冰……耳朵冻疼了，便用手捂住暖一暖；手冻疼了，哈口热气搓一搓；脚冻疼了，使劲地跺一跺。还不治事，我索性撒腿跑开了。跑了一程，脚不冷了，浑身也热乎乎的，心松下来了。稍不留神却滑倒了，摔在冰上，好疼呀！我简直想哭出声来。

然而，我很快忘了疼痛，被眼前的冰吸引住了。那冰真好看。一排排方形图案，像是落满雪花的房屋，一株株粉装的枝干，似缀满雪团的树木。②真美呀！我沿着小溪看下去，一会儿冰上像是一树树梨花，一会儿像是一枝枝梅花，一会儿又像是一朵朵洁白的莲花，甚而还有那么几只若隐若现的兔子和白鹭。我忘情地看着，看了小溪看稻田，看了稻田看池塘，总觉得大概在我沉睡的时候，来了一些高明的画师，他们

❶ 采用比喻的修辞，将春日的水田比喻成镜子，将冬日的水田比喻成玉块，抓住了事物的特点，形象贴切，给人留下深刻的印象。

❷ 采用比喻和排比的修辞，把冰比喻成梨花、梅花、莲花、兔子和白鹭，表达了"我"对冰块的喜爱。

不怕冷，不贪睡，挥笔画呀画呀，在冰上画出了这不凡的画幅。我像发现了什么秘密一样，跑回去问奶奶，哪知，奶奶把我冻红的双手揣在怀里，一个劲地责怪：

"瞧，冻成这样了，多不懂事。"

我不乐意，也没泄气。寒假里，爸爸回来了，我又问他。他领我到了汾河边。我立即呆住了。呀！热天里我和爸爸从这儿去过外祖母家，那滚滚的洪水，差点没有掀翻我们的小船。如今，滔滔流水没影了，河上河下全被冰凌封严，真像碧玉砌出的飞机跑道。爸爸要我从冰上走过，我不敢，踏上一只脚，又收回来，唯恐踩破冰凌，跌进水里。爸爸笑了。这时，岸上下来一辆大车，马蹄哒哒，车轮滚滚，从冰上碾过去了。啊！这冰铺平了天堑，连通了两岸，真结实呀！我不再犹豫，跳上去，撒腿跑着。跑过去，又跑回来，我催问爸爸：

"这冰到底从哪儿来的？"

爸爸凝神吟道："冰冻三尺，非一日之寒。"我不懂，他便给我讲，我还是似懂非懂，听不明白。不过我清楚，是寒冷的天气给我送来了美妙的世界，送来了生活的乐趣。长大了，我才逐渐品尝出爸爸那句话的滋味，明白了不论做什么事，都需要下一番苦功。没有三九严寒，就没有那些栩栩如生的冰画，就没有那座厚厚实实的冰桥。[①] 我还像儿时那样，不贪恋温饱的幸福，乐意在艰苦中奋斗。哪怕竭尽平生力气，只要能凝出几幅冰画，架起一座冰桥，也心甘情愿！

❶ 直抒胸臆，表达了"我"愿意在艰苦中奋斗，愿意下一番苦功夫演绎人生的美好。这是全文的主旨所在，充满哲理，给人启迪。

延伸思考

1. 为什么"我"小时候不贪恋热炕头的温暖?

_____

_____

_____

2. 为什么"我"摔得生疼,但是很快忘记了疼痛?

_____

_____

_____

3. "我像发现了什么秘密一样,跑回去问奶奶","我"发现了什么秘密呢?

_____

_____

_____

燕　子

名师导读▶

燕子的一声叫唤来了春天。这篇文章以燕子为重点描写对象，也描写了春天松软的土地，各种颜色的花，花上的蜜蜂蝴蝶，还有犁地的黄牛、出土的蜗牛，令人感受到春天万物复苏的美好。文章写景生动，语言形象，所描写的事物在作者笔下活灵活现，给人留下深刻的印象。下面我们就到文中看看吧！

燕子一来，春天就热闹了。

①燕子是春天的使者，它带来了春的信息，春的歌声。它站在我家瓦屋的檐上，冲着长天一叫，一声声春天的旋律就响进了大人小孩的心窝。大人们伸伸一冬天坐僵了的懒腰，正要出屋，小孩子们早撒开腿窜出去了。

屋外暖和了，阳光不只温煦，颜面也比冬天鲜亮

❶ 把燕子比喻成使者，把它的叫声比喻成歌声，说明了燕子的到来预示着春天的来临。

了许多，洒在墙背上、地面上已经有些晃眼了。燕子更多了，成群搭伙地逗乐，这只斜刺下来，那只竖穿上去，还有的纵裁横剪，院子里欢声不断。

①这当儿，我早溜出了院子，溜出了村庄，像展开翅膀的燕子一下飞出好远。我站在了田垄上。田垄上的土好疏松，不再硬邦邦的，不再硌得脚生疼。走上去，像是踩在棉絮上，柔柔和和，从脚底板一直舒服到心里头。我放开脚走去，走得得意，也舒服得得意。脚稍一偏，踩在田垄的边上，松软的土立刻塌落下去。随着那绒土的塌落，我一个趔趄闪倒在地上，长长地躺在那田里。正得意在兴头上，却栽了跟头，多扫兴！我有点吃惊，也有点沮丧。但是，我的沮丧马上就消散得无影无踪了。我很快觉得，我不像栽在地上，倒像是睡在了一床厚厚的棉絮上，松软而且暖和。于是，我闭上眼睛，四仰八叉地睡了。那阳光如一只温存的巨手抚摸着我。我的脸上最先感受到这种亲慰，不一会儿，这亲慰带着柔情融进了周身。

好一会儿，我方睁开眼。一抹新绿立时透进了我的感情天地，堰垄边萌发了嫩芽，先出来的已变绿了。还有赶早的呢，刚刚离了地皮，抖开叶片，没长一寸高，就绽开了小小的花朵。那花朵不红，不艳，淡红中挂着微紫，却娇巧迷人。她太渺小了，没人知道她的名字，我只好叫她紫花花。②紫花花开过还会结果，果儿不大，长长的，活像一只捶衣服的杵子。那杵子不能吃，

❶ 两个"溜"字写出了"我"出去时动作的快和轻盈，也表达出"我"愉悦放飞的心情。

❷ 把紫花花的果实比作捶衣服的杵子，生动形象地写出了果实的特点。

我曾经咬过，皮一破，苦苦的，涩涩的，苦得我不顾溪水仍然凉沁，赶紧伏下去，含口水，把嘴涮了又涮。这时节，能吃的大概是扁扁苣了。于是，我的脚步载起目光，在那干草丛中游移逡巡。

① 把菅草拟人化，"瘦瘦地""弱弱地"表现出菅草在刚开春时生命力并不顽强，需要足够的劲头。

扁扁苣是菅草的新芽。①虽然，过了一个长长的严冬，菅草枯黄的叶子仍然没有消尽，瘦瘦地弱弱地贴着地皮。因而，新芽萌发，必须从那枯黄的封闭中透射出来。如果没有足够的劲头，或是个怕使劲的懒芽，就会被压抑在那干叶子的下面，或扭曲地弯了，或憋闷地死了。当然，我要寻找的扁扁苣不是其中的懒芽，而是那些最有劲，最乘兴的强者。它们早早拱出了头，翘过黄叶，挺胸晒着暖儿，长着个子，还有的鼓圆了肚子。那圆圆的肚子里就是即将弹射出去的新叶，不待它射出去，我伸手抽了出来。那叶芽嫩嫩的，甜甜的，嚼一嚼吐出来，再嚼一嚼，春天的蜜汁流溢得满嘴都是。

② 对扶犁的人的外貌、动作、语言进行描写，其形象跃然纸上。

远处的田野已有耕牛走过。一头黄牛拖着犁悠悠慢慢翻起新土。那湿沃的泥土在阳光下闪出亮光，刺目的光缕射出好远。②扶犁的人头上捂着条羊肚毛巾，一脚高一脚低地踏过去。嘴里不停地吆喝：哒吼——，哒吼——，吼出黄牛悠然自得的节奏。

黄牛犁地的时候，蜗牛也不安卧了，背起房子四处游走。有一只正从我脚边不远处爬过。我捡起时，它迅速缩回了硬硬的房子里面。说是房子，其实是一层硬壳。那硬壳圆圆的，像是一轮太阳，只是没有太阳的光亮。说是月亮似乎更像，淡淡的，白白的，也有稍稍泛黄些的。一惊动，那精明的牛儿就躲进去了，待认为安全了才会慢慢露出来。我安安稳稳坐在田垄上，将袄袖挽起，把那牛儿端端庄庄放在胳膊上面，并且吟哦那不知哼唧过多少代的歌谣：

牛儿牛儿快出来，
松松软软犁地来。
爸爸妈妈来送饭，
勤勤快快惹人爱。

①一遍，两遍，三遍，许是我的诚心感动了那可爱的精灵，它探出了头，头上伸出两支细小的角。角一晃一晃，身子也就缓缓移动，硬硬的房子也随着缓缓移动。我的胳膊上留下了它爬过的痕迹。它爬了不到两寸远，而那看似缓慢的耕牛，已经犁好了一大片地。这新耕过的地尚未撒籽播种，那远远的茵绿里已露出了黄黄的花儿。油菜开花了，花朵不大，却很繁茂，还有幽幽的香气。轻风过来，香气也相伴着来了。风吹过去，香气又相伴远行，满地里弥漫了诱人的清香。蝴蝶来了，花花点点的，忽儿舞在空里，忽儿贴在花上，醉醉迷迷的；蜜蜂来了，匆匆忙忙的，一群群，一伙伙，来来去去，天空也熙熙攘攘的……

燕子也不消闲，忙着夹草衔泥，你来它往，穿梭

❶ 这一系列的动词贴切形象，生动地写出了蜗牛触角伸出和身子缓缓移动的样子。

似的。每次衔取的泥点都是那么不经意，不起眼，可是不几日，竟在我家的房梁上垒成了新居。新居垒成，燕子们少了些忙碌，屋里院里少了那翩翩来去的紫黑色身姿。似乎是打了个盹，又似乎是转了个脸，燕子窝里居然传出叽叽喳喳的叫声，好个精明的东西，这么快就孵出了一窝小小的生灵。燕子妈妈，燕子爸爸飞来飞去，加倍地忙碌，回来时嘴里必定衔着吃食。它们一露身影，那一窝黄嘴就探出居室叫嚷个不停。然而，它们并不听谁的叫声高就喂谁，却挨着个儿，一只一只喂过去。

① 总结全文，展望未来的美好，留给读者很大的想象空间。

① 不知不觉小燕子张开翅膀会飞了。

不知不觉百花都亮开笑靥，春深了。

延伸思考

1. 文中用哪些词语来描写春天来临后孩子们的心情？

_____

_____

2. 文章结尾为什么要写燕子孵出小燕子和喂养小燕子呢？

_____

_____

_____

春　雨

名师导读▶

　　本文把春雨比作春天的奶水，突出了春雨滋润万物的特点，然后抓住春天土地、麦田、燕子、麻雀、黄莺，人们玩泥巴，打泥巴仗等春天的意象来写春天的美好，表达人们对春天的热爱。文章语言流利清新，叙事真实，充满画面感，读后给人留下深刻的印象和无限的想象空间。下面我们就到文中看看吧！

　　画家说，春雨是春天的颜料。

　　诗人说，春雨是春天的歌声。

　　①小时候我则认为，春雨是春天的奶水。春雨比奶水更甜美，更养人。它飘落到哪儿，哪儿就滋润了，鲜嫩了，翠生了，就活活泛泛显出了生机。

　　春节过后，人们就眼巴巴地盼望着春雨。春雨却总是不来。天不再像年前那样灰蒙蒙的，变得蓝蓝的，

❶ 作者摆明了自己的观点，把春雨比喻成春天的奶水，生动形象地写出了春雨滋润万物、给予万物养分的特点。

空空的，那么高，那么远，不见一线云丝丝。看看风，还是西北风，虽然稀少了，劲小了，却仍然硬硬的，干干的。

❶ 把土地融化的状态描写得生动形象，展现了春天的气息。

太阳暖暖地照着，照得地上也暖了。①冬日僵硬的地皮早软了，踩上去面团似的，河边、泉边更是软得淌水，水渍渍的，走过去会粘住鞋子。牛车走这路最难，铁轮子一碾好深，陷在泥里好长时间出不来。黄牛低着头，弓着腰，瞪圆了眼睛往上拉，车还是不动。赶车人一手舞着鞭子，一手扳着车轮，身子朝前匍匐使劲，喝斥那牛。好不容易，车轮才转了，上来了，还是过路的人在后面帮了手。

没几日，地皮不再软了，像往常一样瓷实，不粘鞋子，不陷车子了。风依然吹着，大阳依然晒着，暖和多了。又过几日，路上裂开些小缝缝，人来车往，表面上的那层土就离了地皮，土越积越厚，越碾越细，踩上去和冒烟的一样，裤腿上溅得花花点点的，都是尘土。

❷ 一系列的动词准确地写出了麻雀、燕子、黄莺找吃食的情形，突出了它们捉虫技术的高超。

田里的麦苗早渴了，泛黄了，没了先前的精神头。浇地的人多了，水流进田里，"嗞——嗞——"地响，还咕咕咚咚地冒泡。看着溪里的水不少，淙淙地流着，进了田却慢慢地爬，比日头爬得还要慢。蛰伏在田里的小虫子遭了大难，水一来，淹了家园，匆匆忙忙从水汪汪的洞里钻出来，却只能漂动在水汪汪的田里。②麻雀、燕子，还有黄莺，很会寻找吃食，它们一行行排在田垄上,瞅着那漫水的田地,只要有小虫子探头,就箭一般射过去,将虫子啄进嘴里,吞进肚里。吃饱了,再逮住就飞走了,飞回去,喂养自己刚出壳的孩子。浇水的田里成了鸟的乐园,这儿落下,那儿腾起,一幅百鸟闹春的好景致。

田浇过了,人们仍然盼着落雨。说是浇过的地,土会变硬,下些雨土才会酥些,麦苗长得才起劲。还说,空气太干燥,人易生病,上火的,发烧的,躺在屋里的人不少了。

雨来了,突然间就下起来了。是夜里来的,待人们知道下雨的时候,雨早淅淅沥沥的了,唱小曲似的。有人从被窝里撑起身子,胳膊扒在窗台上,掀起窗帘的一角,朝外瞅瞅,院里的地上白白地泛亮。于是,忽然想起昨日后晌太阳落在了云里,风也是东南风,还潮潮的。接着又倒头睡下,梦里也就多了几分甜蜜,不睡到吃早饭时不会起来。

一大早,小孩就在胡同里撒着欢。头上戴一顶大草帽,如同墙角拱出的大蘑菇。蹦跳着在泥里踩过去,"吧唧——吧唧"地响,水点溅得越高,笑声越脆。谁的妈妈探出了头,见了,连骂带喝地喊闹:"小崽子翻了天!"猴崽们头也不回地窜远了。大伙儿躲进一家的大门口,那门口有高高的门楼,厚厚的门墩,平平的地面砖,蹲在那儿"摔锅"。① 从路上挖来泥,捏得像笼里蒸出的窝窝头,倒放在手心,又像一口没有耳

❶ 采用比喻的修辞,把捏的泥巴比喻成窝窝头和没有耳朵的锅,生动形象地写出了捏的泥的样子,充满趣味。

朵的锅。捏好了对伙伴说：看锅——

对手答：好锅！

又说：看底——

又答：好底！

继而发问：摔破？

忙答：赔哩！

再问：赔几斤？

再答：赔五斤！

不待答话的落音，那手中的泥锅就"砰"地摔在地上，一下冲开口子，泥点四飞，大家都成了三花脸。没人去顾及脸面，却对着破口子叫好、叹息。叫好的，是摔锅的；叹息的，是要赔的。不管赔方多么不情愿，还是从自己的泥堆里揪下一块，拍个片片，拍得薄薄的，盖在对方的破洞上。当然，不拍薄赔上也行，但是，谁也不憨，不愿多赔泥团。因此，拍呀，拍呀，拍得不能再薄了，才往上盖。最难赔的是炸锅，"砰"的一声，摔下去的锅炸得四分五裂，泥点飞到院里的，落在墙上的，溅在路上的都有，再大的手也拍不出这么大的泥片。最扫兴的锅，是摔下去一声不响地贴在地上的锅，活像一团刚屙下的牛屎。赔的人高兴，而摔的人却阴了脸。

雨来得快，天晴得也快。一大早，天上还满是乌黑的云团。端上碗吃早饭，云变得丝丝蔓蔓的，天有些亮了。吃完饭擦嘴时，云就散了，太阳露了脸，鲜亮鲜亮的。①天空如刚擦过的镜子，没有一点尘色；地上如刚落笔的图画，到处洇着水色。人们的心里也像刚冲洗过的一样清爽，脸上笑成了花。

田里泥了，无法干活，仍有人踩着泥到田头去，看看嫩嫩实实的禾苗，心更喜了。喜滋滋地唱出声来，这儿那儿飞旋着乡下特有的乱弹——

尧王他派羲和观天制历，

为种田定下了古老节气。

…………

你一声，他一段，天地间蓦然响朗多了。

这时候，顶红火的是大椿树下了。一夜春雨，椿芽冒出好长，能吃菜了。有人拿着长竿，长竿上绑着一把镰刀，高高举起长竿，手起刀落，绿绿的嫩芽，就飘落下来。大姑娘小媳妇嬉笑着往篮里捡着，谁捡着就是谁的，不一会儿竹篮就冒了尖。

②你走了，她来了。椿树下笑声不断，笑彻了整个春天。

❶ 把天空比喻成镜子，把大地比喻成图画，写出了刚下过雨后天空的干净和大地的湿润，表达出作者的喜悦之情。

❷ 用人们的笑声结尾，表达出人们和作者对春天的喜爱，这笑声也是对未来的美好畅想。

延伸思考

1. 文章开头为什么要写画家和诗人的观点?

_____

_____

2. 文章写春雨为什么会写一段水浇地的画面呢?

_____

_____

莲　花

名师导读

　　夏天来了，池塘里的莲花开了，蜻蜓来了，青蛙也来了，这是一幅多么美妙的乡村莲花图！本文围绕莲花描写夏日里的乐趣，采用比喻、拟人等修辞，表达出作者对夏日莲花的喜爱之情。下面我们就到文中来欣赏这夏日莲花吧！

　　莲花开的时候，一准是夏天了。

　　说来真快，刚刚才插栽莲藕。翻松的土地放进了清清的溪水，举起铁耙搂呀搂呀，搂得平平的，水面不露一点土色，方田蓄满清水，成了一面明镜。然后，把头年留下的莲种从泥土里一铣一铣挖出来，将粗壮的那一头插进了清水下的沃泥，外面还翘着细长的尾端。远远看去，水田里正忙着一支支耕地的木犁。不几日，水面就竖起又直又尖的绿芽，和雨后刚冒出的笋芽没有两样。你正醉心于这儿的生长，转眼那儿又萌出了一支。待回过头来看这边，这支早不是笋尖了，变成了个小小的三角，活活是"小荷才露尖尖角"了。

蜻蜓活跃了，繁忙在空中。一群群，一伙伙，飞得轻巧，也飞得迅捷。①蜻蜓都是大头脑，大眼睛，大翅膀，头脑大而圆滑，眼睛大而明亮，翅膀薄而透明。不大的身子拖着一个长尾，长尾一摆，就飞转了方向。许是蜻蜓的头有点像马头吧，伙伴们都喊它马圪塔。马圪瘩的颜色多种多样，有湖蓝色的，有米黄色的，还有紫黑色的。顶惹眼的是橘红色的，柔和红润洇透了通体，银翅一展，就划过红红的一线。白云下，绿地上，红一线，蓝一缕，黄一条，交织出五颜六色的锦缎。蜻蜓飞累了，就落在莲叶上换气，莲叶上如同降落了一架架小巧的飞机。

尖尖角很快张开了，成了又圆又绿的莲叶，那莲叶昨日还漂在水面，今晨却被伸长的莲杆高高擎在空中，而且圆叶大了许多。大着大着，就大成了一顶顶小草帽。这时候下起雨来，水田不再花花点点，雨点落在莲叶上，叮叮咚咚，叮叮咚咚，响成一片。②莲叶周边高，中间低，落在上面的水珠都滑向叶心，叶心就聚起一粒银白透亮的珍珠。莲叶随轻风摇动，珍珠随莲叶滚动。雨点不断落在叶上，珍珠不断胀大，胀大的珍珠重压着莲叶。莲叶撑不住了，莲杆一晃，莲叶一弯，珍珠"咚"的一声落进水田，没影了。于是，雨点又点点滴滴积起，珠玑又丝丝缕缕膨胀……

❶ 抓住一个"大"字来写蜻蜓的特点，形象地展示了蜻蜓的头脑、眼睛、翅膀的样子。

❷ 把中间的水比喻成透亮的珍珠，生动形象地写出了荷叶中间水珠的样子，给人一种美好纯洁的感觉。

　　谁也没有留意，大大的莲叶间突然翘高一支花苞。初见时，还瘦瘦的，转眼鼓圆了，爆开了。碧绿的天地间增添了一份迷人的色彩。爆开的莲花一瓣一瓣的，每一瓣都像一只小船。张开的花瓣中间是圆圆的花蕊，花蕊淡淡的，散出黄粉，透出幽香。小蜜蜂觅着香气来了，钻进花蕊，好一会儿不出来，直到裹满一身甜美方才回归。

　　莲花分两种。一种白色的，一种红色的。白色的花朵，真如落在碧叶上的一朵白云，轻柔而又舒展，似乎微风一掠，就又会携起飞上高天。^①红花呢，红而不艳，鲜而不骄，倒像刚穿着新年衣跑出屋的小姑娘，妩媚得可爱。开白花的是白莲，白莲脆生，炒菜吃可口；开红花的是红莲，红莲丝拉得好长好长，出粉多，熬藕粉好喝。

　　莲花竞放的时候，莲叶下是我们的快乐世界。这当儿，天气挺热，我和伙伴最喜欢光溜溜地跳进河里耍水。一耍就是好半天，贪贪地不愿上来。耍久了，就有些凉了，身上冷飕飕的，牙齿也不断上下磕碰，我们忙又寻找温暖之乡。莲田就是我们找到的天然温泉。那里蓄起的水被太阳晒得温热温热。我们哆嗦着爬上岸来，猫腰钻进绿叶间，赤条条躺进暖暖和和的水田里。只是躺下去时须格外小心，那翘直的莲杆并不光洁，突兀着密密麻麻的圆点，稍不留神蹭在身上，就是一道伤痕，疼得人龇牙咧嘴。我们绕着莲杆机敏地钻来穿去，活像一条条大得出奇的泥鳅。每个人滚满一身的热泥，才溜出田来，又扑进河里。

❶ 把红花比喻成穿着新衣的小姑娘，生动形象地写出了红色莲花妩媚可爱的特点，不禁令人心生喜爱之情。

喜欢水田的不只是我们，还有青蛙。青蛙早早就在这儿唱着歌。一只张口，十只应合。应合得多了，歌声响成蛙雷。夜晚越静，蛙雷越响，整个村庄都轰轰烈烈的。人们却在这轰烈中进入了梦境，睡得竟比寂静的冬夜还要酣畅。青蛙唱着歌，把自己的后代也撒播在这天使乐园。那一团不起眼的种子里有无数黑芝麻。黑芝麻会变成小蝌蚪。①小蝌蚪鼓着个大肚子，拖着个长尾巴，摇来摇去，一股挺可爱的傻劲。傻晃些日子，长大了许多，肚子下猛然拱出两只脚，不仅能在水里游，还能在地上爬了。待再拱出两只脚时，长尾巴不见了，不仅能在地上爬，还能往高处蹦。小蝌蚪变成了一只漂亮完美的小青蛙。水田是青蛙的故乡。青蛙是故乡的痴子。它一刻也不离开水田，只在莲叶上下跳舞翻旋，捕捉前来骚扰的小虫子。

太阳亮的时候，摘一张莲叶，盖在头上，就抵得上一顶草帽。草帽下一团绿荫，一团凉意。若是再摘一朵爆开的莲花，伴着清香回家，把这香花插进水瓶，满屋子也会清雅好多。然而，我们绝少有人去采叶，去摘花。据说，那莲杆是空心的，摘花去叶后，顶上没了遮盖，水珠就会顺着莲杆流进去，流下去，一直流进沃泥中生长的嫩藕里，嫩藕积水就会腐烂死去。②没人遭扰，莲花就尽情地开着，以致变成莲蓬；绿叶就尽情地张着，以致变成黄叶，一直要到那荷尽已无擎雨盖的深秋。

❶ 对小蝌蚪的外形和情态的描写，语言简练但是描写贴切，小蝌蚪的形象跃然纸上。

❷ 两个"尽情"可见人们对莲花和绿叶的爱惜，因为没有人类的遭扰，所以它们才能尽情地直到成熟，这体现了人们对生命的尊重。

延伸思考

1. 本文围绕莲花写了哪些事物?

_____

_____

_____

2. "水田是青蛙的故乡。青蛙是故乡的痴子。"怎样理解文中的这句话?

_____

_____

_____

3. 为什么人们很少去采叶和摘花?

_____

_____

_____

夜来香

名师导读 ▶

文中的夜来香是作者勤奋学习、埋头写作时的伴侣，作者以夜来香为榜样，奋力生长，取得了小小成绩。这是怎样的一株夜来香呢？作者抓住它清雅、淡凉的味道和秋色里籽实累累的特点，用含蓄、优雅的笔调来写夜来香对自己的陪伴和鼓励，令人思考良久，回味无穷。下面我们就到文中看看吧！

学生时代，正遭时局动荡颠沛，耗费了我十年金子般的光阴。及至年长，才发现那岁月留给我一片荒漠。我领悟了，不禁对书、对笔倾注了一汪追悔之情。①我希望从那浩瀚书卷中汲取前人的智慧和营养；我希望用瘦削的笔尖披露我的思绪和感情。然而，繁杂的工作充斥了我的白昼，使我读写愿望无立锥之隙。

每每晚饭后，我才能进入那样一种全新的天地。

❶ 这两句话是并列关系，表达了"我"渴望通过读书汲取营养，通过写作来表达情绪的愿望。

或捧卷诵读，在智慧的海洋里扬帆进取；或伏案纵笔，任情感的潮水在纸卷上飞泻奔流。欢快、愉悦、兴奋伴随我奉送初夜的光阴。

①渐渐的，夜深了。白天劳累的倦意悄悄向我袭来。当我感到这一切时，已处在四面重围之中，随时都有被俘就寝的危险。我猛然挣开身，步出小屋，伸臂甩腿，坦开胸襟，一任夜风轻轻吹散倦意。

这夜，静得很。相邻的屋里灯光渺然，乘凉的絮语飘然早逝。一切都已沉睡。我踱步窗前，心中未免泛起一丝孤寂感，口中也叹出微微的怨哀。突然，一股暗香扑鼻而来，清雅、淡凉的美味令人神清体爽，倦怠尽扫。借着灯光，我环顾四周，寻觅着暗香的踪迹。终于，在窗前花池里那尺把高的绿株上，发现了一朵浅黄色的小花。

哦，夜来香开花了！

我蹲下身去，仔细品尝那花的清香。恰在这时，那绿株的顶端，又一个嫩苞轻声炸开。瞬息间，黄淡淡的花瓣伸展开来，那芬芳也随之飘悠开来。②这弱小的花株也没有入睡，她继续着白昼的生长、孕育，在夜色中悄无声息地绽开了。我久久地观望着，多么迷人的花朵，多么醉人的芳香！

从那时起，我常常开窗读写，让灯光抛洒出去，为那花儿镀上一层金辉，又让那花的清香盈满小屋，融入我的思绪、我的文稿……

❶ 由夜深了这处自然环境描写，来衬托"我"的疲倦，突出"我"工作的辛劳，为后文写出门吹风作了铺垫。

❷ 采用拟人的修辞赋予夜来香人的情态，抓住夜来香生长、孕育的特点，表达了作者对它的喜爱之情。

光阴荏苒，不觉然窗外的夜来香已有四五尺高了。花的周身籽实累累，而梢头依然孕着苞，绽着花，在秋色里繁衍着盎然生机。这时光，我的案头也不尽是退稿信了，平添了几张用稿通知单。但是，我的果实比夜来香相差甚远，又怎敢释卷辍笔呢！

夜阑人静，我依旧伴着夜来香，伏案孜孜奋求。夜来香也依旧伴着我，送我缕缕芳香。

延伸思考

1. 作者本来要写夜来香，但是开头为什么要写白天工作的繁忙以及"我"对读书写作的渴望？

_____

_____

_____

2."从那时起，我常常开窗读写，让灯光抛洒出去，为那花儿镀上一层金辉，又让那花的清香盈满小屋，融入我的思绪、我的文稿……"你怎样理解文中这句话？

_____

_____

_____

3. 文章结尾有什么深意？

_____

_____

_____

跋

　　作者怀着一颗谦虚的心，为我们这本书做了结语，娓娓道来，让我们看到了作者的心理历程。文章不长，但是思路清晰，让我们了解这本书成书的来龙去脉。下面我们就到文章中体会一下吧！

　　如果发起世界上遗忘最快的人的投票，我肯定要投一票。不过，这一票不是投给别人，而是要郑重其事地投给自己。这不，杨海蒂老师约写青少年阅读的丛书，问我有没有上过考卷的文章，我一下愣住了，不能马上回答。愣着，愣着，过了一会儿，沉溺在心底的往事才逐渐浮现出来。我用微信回复她，有，还不止一篇。① 可怎么当时头脑就短路呢？蓦然发现，自己善于遗忘的强项未必不是人生的缺陷。

　　拙作头一次上考卷还真有些高兴，那是一篇刊登

① 采用设问的方式，自问自答，引起读者的思考，点明了自己善于遗忘的特点。

189

在《山西日报》副刊上的散文，名为《打春》。《打春》其实就是立春，只是我家乡的父老乡亲都喜欢说打春。①立春是静态的，打春是动态的，更能展示春天到来时众人心中奔涌的波澜。文章登出后不多时,《语文报》转载了。转载就转载吧，能说明什么，只能说明我的水平与学生的水平贴近而已，没有啥值得得意的。日子平平常常一天天过去，忽有一日，收到一个《语文报》寄来的大信封，里面装着编辑复印的甘肃省中考语文试卷,《打春》列入阅读题中，几个问答小题占到20分。这便有点高兴，高兴是因为缺乏自信。初中刚刚毕业,由于社会动乱失去上学的机会,虽然喜欢写作，基本功可想而知。文章能上考卷，至少说明语法逻辑还算规范,咋能不高兴呢! 何况,《山西日报》《语文报》都还把这当个事，约我谈谈写作此文的体会,于是又写下一篇《正月十六写打春》，写了就登了。当地电视台闻知也来采访，还真热闹了一阵子。

时间送来的喜事，时间自会抹去。这是 2003 年的事，时过境迁，热劲消退，日子恢复平静。再度想起此事是 2007 年，我的散文《祖诗》又上了临汾市中考语文试卷。这一次因为是当地考试，媒体宣扬得更甚。不过，或许是第二次的原因，我没有上次那样兴奋。②时间一过，埋头读书，埋头写作，这事渐渐遗忘了。我忘了，不等于别人忘了，网络发达了，联系便捷了，时不时就有文友发个微信过来，说你的文章《台子》

❶ 拿立春和打春来作对比，突出了打春的动态，更能展示人们心中奔涌的感情。

❷ 这句话照应开头，再次写自己善于遗忘的特点，也可见作者对名利的淡然。

入选 2012 年江苏省《走向高考》专题复习检测题、《只取千灯一盏灯》入选 2012 年山东省高考语文预测试题、《采春》入选南京市高三联考语文调研试题《山中年馍》入选江苏省 2016 届高考语文一轮复习试卷、《笛声化作民族魂》入选 2017 年（鄂豫晋冀陕五省联考）高考语文训练试题、《翻阅骊山》入选湖南省南县高一语文上学期期末模拟试题……① 还有文友为我鸣不平，说是这样一模拟等于提前泄露试题，就与正式考卷无缘了。我没有在意，反正已经上过了，好事哪能总避近你。

后来一想同事说得确实有道理，那是又有两篇文章在考卷上露面了。一篇是《春色第一枝》，入选 2018 年大连市中考语文试卷；另一篇是《春的锣鼓》，入选 2020 年四川省甘孜州中考语文试卷。这两篇都是发表在当年《人民日报》上的文章，若不是及时选入，倘要进入模拟试题肯定不会再上正式考卷。这想法也就是初得消息时的一闪念，事后也就忘记了。② 杨海蒂老师的提醒点亮了我，一搜罗，一归纳，等于给自己鼓了一把劲。更重要的是，把握住这个机缘，便有了《春色第一枝》成书前提。为此我感谢杨海蒂老师对我的热心关注，也感谢北京书香文雅图书文化有限公司李继勇先生策划这套丛书，并费心玉成。

书稿编成，兴致未减，借着灯光敲下心里涌动的这些情愫，留作纪念吧！

2021 年 10 月 29 日于尘泥村

❶ 文友为"我"鸣不平和我的"没有在意"形成一种对比，表达了文友对"我"的关心，和我不斤斤计较、豁达的心态。

❷ 表达了对杨海蒂老师的感谢，说明了《春色第一枝》成书的原因，使读者更加明白成书的前因后果。

延伸思考

1. "转载就转载吧，能说明什么，只能说明我的水平与学生的水平贴近而已，没有啥值得得意的。"从这句话中你可以感受到作者的什么品质和态度？

_____

_____

_____

2. 作者为什么说自己是世界上遗忘最快的人？

_____

_____

_____

3. 作者面对自己的作品上考卷是一种怎样的心态？

_____

_____

_____

★参考答案★

第一辑　人文情思

【只取千灯一盏灯】

1. "千灯"一语双关，既指江南水乡陈列千盏明灯的古镇——千灯镇，也指这个古镇的独具亮色的文化特点（或：古镇孕育的众多的人物精英）。

解析：此题考查对标题的分析：①能否体现主题；②能否表达情感；③是不是线索；④是不是简洁、醒目、形象、生动、富有诗意；⑤是不是富有情感或悬念，引人入胜；⑥是不是意蕴丰富，含有双关义；⑦是不是突出人物形象的某种个性化特征等等。"千灯"一语双关，既指江南水乡陈列千盏明灯的古镇——千灯镇，也指这个古镇的独具亮色的文化特点。

2. 连用三个设问，强调了"我"对千灯文化的多重思考；承上启下，引出对顾炎武这盏思想明灯的钟爱。

解析：分析句子的表达效果，一般遵循这样的思考模式：先分析句子本身的内容，有没有手法，有没有重点动词、形容词，然后看句子对所在段落、对全文有什么作用。基本上和段落作用的回答模式一样。画线句子明显是问句，而且是连续的问句，技巧是设问。问句的最基本作用就是引发思考，可以从这一点回答。这一句话连用了三个设问，引起读者对千灯文化的思考，同时承上启下，引出下面对顾炎武的描写。

3. 列举千灯镇众多的人物精英，充分体现千灯浓郁的文化氛围；起到铺垫作用，以此衬托（突出强调）顾炎武对人们思想的启迪作用。

解析： 题目实质上还是考查段落作用，不过是从内容方面来写。内容上的理解，都要结合文章中心来看。这篇文章是写顾炎武的，其他所有内容都是为这个中心服务的，所以要回答这一个问题，第一点要说出本段的内容，第二点要说出对描写顾炎武有什么作用。

4.①顾炎武提出了"匹夫有责"思想是构建仁爱社会的基础。（或：顾炎武提出了"匹夫有责"思想会带来民风和洽，其乐融融。）②顾炎武用他独具慧眼的发现，照亮"我"愚暗的心扉，给"我"新的启迪。③当今社会，经济高速发展，而精神世界滑坡，我们需要顾炎武这样的思想明灯来照亮愚暗的心扉，带给我们以无穷的力量和莫大的精神鼓舞。

解析： 题目要求里已经点出了回答的层次，一是文本内容，一是现实意义，所以答案只要包含了这两点就可以了。文本内容上，可以摘取文段中对顾炎武思想的评价句子来写；现实意义，可以从顾炎武思想的关键词来组织，文中提到的就是"天下兴亡，匹夫有责"，说出这句话对现实的意义就可以了，不外乎责任感、爱国等等。

【雪　考】

1.插入仓颉造字的故事是为了突出人类的智慧。文字打开了祖先的笔记，让人类脱离了原始的愚昧，探究了大自然的秘密，同时也给了人类生命的活力。文字的出现是给上天的一张满意答卷，是人类征服大自然的开始。

2.柿子树象征着能够经得住考验的清贫的人。当人类摆脱原始的愚昧进入文明时代之后，越来越多的贪欲充斥着人类的灵魂，于是上天一次又一次地用"大雪"来考验人世的贪欲，只有像柿子树这样朴实无华、无欲无求、具有昂然气节的人才能经得住考验。

【春的锣鼓】

1. 有惊心动魄、波澜壮阔的声威，有气势，有活力，有千秋相传、万代不衰的永恒魅力。

2. 运用了设问和比喻的修辞手法，激发读者的思考，生动形象地写出了"燕子"和"山桃花"对于春天的作用，进而说明威风锣鼓是促使春天苏醒涌动的，表现了作者对威风锣鼓的赞美之情。

【春色第一枝】

1. "春色第一枝"这个题目给人遐想的空间比"秧歌"大，更有文学韵味，用"春色第一枝"更能写出秧歌神奇的作用，给"秧歌"蒙上了一层力量和神秘的色彩。

2. 禳歌寄托着为百姓禳灾赐福的寓意。百姓对幸福生活有着强烈的期望，走进家家户户就是为百姓送去美好的祝愿。

3. 麦场秧歌：写出了秧歌表演的步法特点、队列变化及作者的感受；庭院秧歌：写出了家家户户对秧歌队的盛情招待。

【孝友祠情思】

1. 这句话虽然作者用三个选择疑问句排比，但是并不想择其一，对每句话都没有否定的意思，这既是皇家的英明，又是官员的睿智，也是百姓的聪慧。

2. 写王羲之的笔墨实际是写孝友祠对后人的影响是远远大于孝敬和友善的，它的影响力渗透到方方面面，它的精髓是根基，能够塑造金字塔的尖端。

3. 作者在结尾留给读者非常宽阔的想象空间，皇帝的匠心不只在王家的道义的传播，更是在用它滋养后人的无穷的动力，而这正是推动社会前进的动力，推动人类向前发展的动力。

【台　子】

1. 建台子可唱戏，讨得神灵的欢喜（报答或祈求神灵之助）。

2. 因为台子上所演戏的内容不受时间和空间的限制，戏中的内容可以随意跨越任何时间、任何空间，所以说它是无穷大的。（大意对即可。）

3. 表现了村民们看戏时的投入，受戏内容影响的程度，和对戏的喜爱。

【人　镜】

1. 文章中出现一次"又一次"，出现两次"一次又一次"，深刻表达了作者对曹端的敬慕之情，还表达了作者以曹端为榜样严格要求自己的律己之志。

2. 文中举了曹端的四个事例：第一个事例写他资助贫困学生，说明了他仁爱善良的品行；第二个事例写曹端父母过世之后他搭棚守孝，说明了他恪守孝道的品行；第三个事例写有人向他举荐朽木，他严词拒绝，说明了他刚正公平的品行；第四个事例写他身后葬于霍山脚下，说明了他清正廉洁的品德。文章通过四个事例有理有据、生动形象地描写了曹端的高大形象。

3. 文章结尾希望更多的人以曹端为镜，可见作者希望社会律己、国泰民安的美好愿望，由自己扩大到更多人，使文章的立意更加深刻，也给广大读者以警醒。

第二辑　山水寄情

【山中年馍】

1.①天然的云丘山,让这里的人们从耕植技术中得到了生存之道,谱写出生命的旋律。②人文的云丘山,让这里的人们创造了饮食文化,传承着前辈的风俗礼仪。

解析:对文中重要句段的理解,需要明确句子本身的结构以及句子要表达的核心内容,再联系上下文内容对句子做出具体分析。句子中的"山水"就是云丘山的山水,"根脉"是当地农人辛勤的劳动,"养育的家园"则是当地衍生出的文化传统。由此可以得出:这里的农人用自己勤劳的双手,通过辛苦的耕种,掌握了生存的力量,使生命在一代代中得到延续。这里的农人通过独特的饮食文化,继承了前辈们的文化传统。

2.①枣山,寓大吉大利、早早高升之意,寄寓着一年美好的愿景。②枣糕,寓老人健康高寿、日子甜甜蜜蜜和繁衍后代之意。

解析:本题考查学生对文中形象的理解能力和赏析能力。在解答这道题时,要先从题干下手,认真审题。题目中涉及的形象是"枣山"和"枣糕"。文中第④、⑤段中有相关内容,对其进行整合,简单地指出其寓意即可。

3.①以后稷传说开篇,引发读者的阅读兴趣。②引起下文,说明云丘山是耕植技术的发祥地,为下文写云丘山缔造了源远流长的年馍文化作铺垫。

解析:本题属于考查文中重要段落作用类题目,主要考查学生对文章行文思路的理解。文章起始段的作用有两种,一种是引起下文,一种是总领全篇。开头段落"云丘山,多么富有诗意的名字,它在吕梁山的最南端。传说,后稷出生时被遗弃却大难不死的那座山就是云丘山，他教民稼穑也是从那里开始，最早的耕植技术即由此传播开去"，引用了后稷的神话传说引出云丘山，吸引读者阅读兴趣，同时引出云丘山是耕织技术发源地的说法，为下文详细描写云丘山的民俗文化起到了铺垫作用。

4.①年馍，是在"民以食为天"的生命旋律中民间自然形成的过年食用的美食，轻省快捷，过年吃年馍是民众创造、共享、传承的风俗习惯。这种民俗具有创造性、共享性和传承性。②枣山和枣糕等作为年馍的代表，不仅让人们填饱肚子，更是寄寓了吉祥仁爱、尊老爱幼、礼尚往来、平安和谐等基本的道德礼仪，以及家庭纲常、社会伦理等意蕴。

解析：本题考查从不同的角度和层面发掘作品的意蕴、民族心理和人文精神的能力。题目要求回答对"过年吃年馍这种民俗的理解"，那就应着眼于过年吃年馍这种民俗的由来和其中的寓意等。第②段"他们接过……风俗礼仪。当'民以食为天'成为……轨道上"和第③段集中讲过年吃年馍这种民俗的由来，第④至⑥段是对年馍寓意的阐释，第⑦段是对年馍蕴含的道德礼仪的揭示。对此进行概括即可得出答案。需要注意的是题干中"民俗的理解"这一要求，不能只说年馍本身。

【中国有座人祖山】

1. 作者开头写到了中国的几座风景秀丽的名山，是为了引出和衬托对人祖山的描写，名山风景秀丽却只是屹立在眼帘，而人祖山却雄峙在心中，突出了人祖山在"我"心目中的地位。

2. 雄峙是"昂然屹立"的意思，文中多处用"雄峙"一词来写人祖山，可见在作者心目中人祖山的地位非凡。

3. 在物质极度贫乏的古代，人们在需求物质的同时还注重精神生活，这就是人类祖先给后人铺设的轨道，这句话在告诫如今的人们，不要过分地追求物质上的富有，精神上的富有也非常有意义。

【翻阅骊山】

1. 作者写愚公移山的故事是在写山能够使人改道的道理，这与能够使中国历史改道的骊山形成鲜明对比。愚公移山的故事也是一个引子，引出对骊山能够让中国历史改道的介绍。

2. 周幽王沉迷酒色、不理国事、重用奸臣，荒唐到为博美人一笑竟然烽火戏诸侯，导致国家灭亡，这是正义对他的惩罚。

3. 骊山有改朝换代的动力实际是在说历史发展的自然规律，如果尊重自然、尊重百姓，那自然不会受到惩罚；如果违背自然，违背百姓的意愿，自然会被正义之剑审判。

【一个有灵魂的湖泊】

1. 作者先写美女岛和毒蛇岛的用意：一是写出千岛湖风景的繁丰，吸引了众多的游客；二是用美女岛和毒蛇岛来衬托海瑞岛，海瑞岛这湖魂使千岛湖不仅美丽还有灵魂。

2. 从海瑞严惩小衙内的事件，我们可以看出海瑞还聪明过人，既惩罚了小衙内还让胡宗宪哑口无言，这是海瑞智慧的体现。

3. "湖魂鉴心"的意思是千岛湖是一面明镜，能够鉴别赤胆忠心，这是对千岛湖的评价，也是对后人的警示和激励。

【石柱醉绿】

1. "醉"是作者对石柱的绿的一种体验，这个字也是对这种体验的最高评价，然后文章紧紧围绕"醉"字来写石柱的绿。文章第一段就开门见山地说"一到石柱县我就醉了"，第二段又从各个方位来写石柱的绿，写出了这绿的确令人陶醉的原因，文章结尾再次点出"酒不醉人绿醉人"，这次的"醉"除了照应开头点名题目以外，"醉"得更加有深意，更加有层次。

2. 这句话采用比喻修辞把石柱比喻成一幅立体的画卷，生动形象，接着作者紧扣"立体"两字从各个方位来写石柱的绿，体现了"绿得赏心悦目"的原因。因此这句话还起到引出下文的作用。

3. 文中插入石柱县的历史遭遇，是在告诉读者"绿水青山就是金山银山"的道理，也是告诫我们要牢记历史教训，爱惜环境，只有良好的生态才是人类源远流长的根本。

【天成风流漓江水】

1. 因为如果是"绣"的或者说是"制"的，都要有一个过程，有一个衔接。但是漓江的水是浑然天成的，江水和山峦之间是天衣无缝的，这紧扣文章题目"天成"，突出了漓江独有的特色。

2. 如果没有两岸的山，就不会成就当弯则弯、当直则直的漓江水；如果没有两岸的山，漓江水是突兀的，少了几分生动。正是因为漓江的水，两岸的山才有了少见的生趣和灵性，两者相互照应，相互陪衬，成就了"甲天下"的山水。这才是作者写作此文的真正目的，所以用了大量笔墨来写两岸的山。

3. 漓江身上有很多值得我们学习的地方。它被忽略时，不怒不怨；它载人前行的时候，默默无闻，甘愿奉献；它高歌的时候不怒吼、不咆哮、不严厉、不清脆，但是透露出勃发的生命力。它随和、恰如其分的直，它大大方方的弯，它宽厚、懂得映衬，有胆量有气节，都是值得我们学习的。

第三辑　师法自然

【笛声化作民族魂】

1.D E

解析：选项 A 中，聂耳的"耳朵先生"称号是在他进入歌剧社后大伙儿给他起的外号。选项 B 中，"聂耳人穷志大，渴盼国富民强，自小立志做音乐家，为国出力"的叙述不正确，原文中是"他看到祖国积弱积贫，时刻梦想着国家能富裕强大。他把满腔热情寄托于变革，为之呼吁奔走，并鼓动同学和自己一道呼吁奔走"，并没有体现出聂耳要立志做音乐家，为国出力。选项 C 中，聂耳是先认识田汉，然后参加革命音乐组织的，不是先参加革命音乐组织再认识田汉的。

2.①过人的音乐天赋，澎湃的音乐激情；②勤奋好学，赤诚的爱国之心；③被慧眼赏识，幼年时邱师傅给他启蒙，报考音乐歌舞学校时得到音乐家黎锦晖的青睐。

解析：本题考查学生对文章内容的理解和整合能力。通过文章内容，可以看出聂耳在 19 岁的时候就可以获得音乐上的成就，有内外两种原因。内因是聂耳自身条件非常好，从小勤奋好学，很有音乐天赋；外因是聂耳小时候遇到了很好的音乐启蒙老师——木工邱师傅，在考取音乐歌舞学校时遇到了赏识自己的音乐家黎锦晖先生。

3.①田汉已写好歌词，歌词慷慨激昂；②日寇的侵略，中华民族到了最危险的时候；③抗日救亡时代万众一心，勇往直前、不屈不挠的战斗精神激励了整个中华民族。

解析：本题主要考查学生对文本信息的筛选能力。聂耳能够迅速地创作出《义勇军进行曲》浑厚昂扬的旋律，除了他的个人才华外，还有外部社会环境对他思想的影响。当时中国受到日本侵略，国家处于生死存亡的危急时刻。为了激发国人抗日救亡的激情，剧组拍摄了电影《风云儿女》。"这是一部电影，更是呼唤共同抗日的呐喊。剧组在呐喊，聂耳也加入了呐喊"，当时田汉作词，聂耳作曲，慷慨奋进的歌词和旋律，唱出了聂耳抗日救亡的决心，也唱出了全国人民抗日的心声。

4. 必须否决这个建议。①《义勇军进行曲》蕴含的战斗不屈的民族精神无论什么时候都是需要的；②坚持用《义勇军进行曲》为国歌，可以唤起人民回想祖国创建过程中的艰难忧患，鼓舞人民发扬抵抗帝国主义侵略的爱国热情，把革命进行到底；③虽然时代变了，国歌中的忧患意识不能丢，居安思危；④《义勇军进行曲》仍在激励着国人奋起建设祖国，仍在教育、激发年轻一代人的爱国热情和献身精神，它永远不会过时。

解析：本题考查学生对文本中具体问题分析的能力。认为《义勇军进行曲》过时的看法是要坚决反对的。因为《义勇军进行曲》反映的不仅仅是当时全国上下齐心抗日的民族决心，更是国人坚决反抗日本侵略的爱国之心。随着时代的进步和发展，这首歌曲依然在激励着国人为国家建设而积极奋斗。所以《义勇军进行曲》永远不会过时，反而激励着我们继续砥砺前行。

【一河冰川动春潮】

1. 这句话是个过渡段，在结构上起到承上启下的过渡作用，在内容上承接上文的"谁会想到"并且比上文在内容上更进一层，引出下文对春潮的描写。"形色生动"和"无法写照"又很好地概括了春潮的特点，表达了作者对春潮的赞美之情。

2. 这句话把春天比喻成潮水，生动形象地写出了春天以柔情创造阳刚的特点。"温文尔雅的柔情"和"惊诧寰宇的阳刚"形成对比，令人惊叹和钦佩。这句话很好地解释了春潮的含义，紧扣文章题目，是文章题眼的体现。

3. 作者写秋潮道出了锁定春潮的缘由，同时秋潮的惊涛拍岸、无坚不摧是对春潮的一种正面衬托。

【打　春】

1. 打春就是谋划春天、构思春天、初创春天；打春就是闹春，闹腾个红红火火的春天，闹腾个威威风风的春天，闹腾个天遂人愿的春天。

2. 要形象得多，要生动得多，要活灵活现得多。

3. 作者以民间口语"打春"为题，选取跟"打春"有关的词语"打草稿""打鼓"去写，把春天写得极富生气、活力，同时紧扣"打"字，表现了人的生活需要一种奋发向上的精神。

【春风这一吻】

1. 文章写了春天冰雪融化，杨柳青青，桃花粉嫩，蝴蝶翩翩，油菜花努力生长，黄牛来回耕耘。文章抓住春天的意象，生动地描写了春风拂过、万物复苏的美好。

2. 这个句子采用排比和拟人的修辞写出了柳条生长的过程，拟人和排比修辞的运用展现了柳条的柔顺和生长的美好，表现了作者独有的观察能力和表达能力。

3. 这句话采用比喻的修辞，把黄牛的叫声比喻成冲锋号，把黄牛犁地比喻成诗韵的平仄，比喻生动美好，充满号召力。连用两个"希望"表达了作者在耕耘的春天对未来美好的希冀，这种希望小而言之是土地的丰收，大而言之是国家和人民的美好未来，这句话给人信心和力量。

【开花的规律】

1. 文章开头写时下这岁月人们家里养的富贵花为后文写生长在贫瘠的水里的白菜花作铺垫，也是一种衬托和对比，更加突出白菜花的奉献和遵守规律的特点。

2. 开花的规律正是有花开，有花落，而作者正是在赞扬这种甘于牺牲自己，把有限的养分输送给其他花朵的奉献精神，因此作者用了不少笔墨来写花落。

3. 读了这篇文章后，令人懂得一颗小小的白菜花竟然没有贪欲，甘愿奉献自己，把养分输送给其他的花朵，这种奉献精神给人启迪，令人敬佩。另外，白菜花遵守花开花落的规律，正是它的守规矩，才让整棵花生机勃勃，这也是在告诫我们，今天的人，要遵守各种规矩，社会才能和谐快乐。当今社会很多想超越规矩的人正是贪欲强烈的人，正是破坏社会和谐的人。

【落叶的秩序】

1. 在众人的眼里，落叶是正常的生长现象，没有人在意，这和作者的细致观察并被落叶打动形成对比，昭示着越是平凡的东西越蕴藏着厚爱，越有铁的规律。

2. 树身对树叶的疼爱和眷恋固然让人感动，但是树叶和树叶之间的奉献精神和铁的规律，才真正让人震撼。写树叶和树身的关系是对树叶和树叶关系的一种正面衬托。

3. 树叶的深情、树叶的守规矩是一面令人学习的旗帜，这也回答了开头作者说的"倘若人们要是像落叶那样，这世界肯定要比现在美好得多"的原因。"旗帜"是模范，是榜样，是具有号召力的思想，可见作者对落叶的钦佩和赞美。

【麦　香】

1. 作者采用对比和比喻的手法来写麦香。拿麦香和油香对比突出了麦香独具特色。把麦香比喻成露珠突出它的晶莹和难得，把麦香比喻成一抔土突出它的淳朴，又拿麦香不与酷热争时空作对比，突出了它的单纯和不显赫。这些手法的运用使我们感知到了麦香的具体特点，生动形象，给人留下深刻印象。

2. 这句话把麦香拟人化，生动形象地写出了麦香默默无闻、努力生长的样子，突出了麦香淡雅恬静的特点。

【变身树】

1. 前面突出神龛享受香客的顶礼膜拜，后面突出香客的多和变化。前后形成顺延关系，旨在告诉读者，人类在一辈一辈地繁衍，一辈有一辈的烦恼，人们都想通过祭拜神灵祈求美好，但实际上调节自我、适应时局才能够获得心中所求。

2. 文章用大量笔墨来写神龛，一是因为变身树长在神龛旁边；二是告诉读者变身树也像神龛一样充满智慧，能够点化人生，给人启迪；三是神龛对变身树也是一种正面的衬托。

3. "然而，当这棵树从绝壁上萌生就注定了它生长的艰辛，有限的土，有限的水，时刻困窘着肢体。""在艰涩的困境中调节自我，适应时局，生命才会游刃有余，成为绝壁上永不枯竭的风景。"前面一句话告诉我们艰难的环境没有影响树的成长，说明在困难的环境中能锻炼一个人克服困难的能力；后面一句话告诉我们在困境中要善于调节自我，适应环境，才能获得生活的美好。

第四辑　心灵波澜

【采　春】

1.B

解析：本题考查学生对文中特殊句子的理解。解答这一类题目，要结合上下文进行分析。文中第⑥段用的是"采春"一词，紧接着第⑦段第一句"采春？怎么个采法？"，可以看出作者是如何采春的。所以，选项 B 是不正确的。

2.开头写冬天的漫长与寒冷，与春天对比，突出表达人们对春天的期盼之情，也为后文写"采春"的欢乐作铺垫。

解析：本题考查开头段落在文中的作用。开头段落的作用有：总领全文，点明主旨；为下文内容描写作铺垫；设置悬念，吸引读者注意力；营造氛围，奠定基调。文章在开头极尽笔墨描写冬天时间的漫长和气候的寒冷，是为了和下文描写的温暖的春天形成强烈对比，以此表现出作者对温暖春天的期待之情，为下文人们出去"采春"时欢乐的场景作铺垫。

3.运用了比喻和拟人的修辞手法，把松树叶柏树叶比作翡翠，把连翘花山桃花当作人来写，生动形象地写出了松树叶柏树叶的翠绿和连翘花山桃花的可爱，表达了作者对春的喜爱之情。

解析：本题考查修辞手法的运用，以及对句子的赏析能力。赏析句子的顺序：先选择赏析的修辞手法，再看手法的表达效果，最后写作者要表达的情感。该句子运用了比喻和拟人的修辞手法，将松柏叶子比喻成翡翠，突出了松柏叶子的翠色；将连翘花山桃花当作人来写，突出这两种花形态上的可爱。这两种修饰手法的运用，都表现出作者对春天无比喜爱的感情。

4.春天的景物　人们的采春活动

解析： 本题考查学生对文章核心内容筛选的能力。首先学生要清楚朱自清《春》中描写的都是春天的景和物，表达了朱自清对春景的热爱与赞美之情。而这篇文章的第④段到第⑧段都是在描写人们在春天出去踏春，感受春天的"采春"活动。

5. "诗人采回的春天"指的是诗人绘春的那些优美的诗句，诗人用诗歌来表现对春的赞美，这些诗句因为其意蕴优美，让后人时时诵读，并让人感受到诗人对春天的喜爱和赞美之情，春在诗人的诗句中万世留传。

解析： 针对这类句子的赏析题，学生要先学会抓句子中的关键词，再结合文章的主要内容和中心思想进行赏析。句中的"诗人采回的春天"是诗人笔下的描绘春天的诗句。这些优美的诗句被后人传诵至今，我们依然可以感受到千年前诗人对春天的喜爱和赞美，所以这些"采回"的春天才能"永恒地绿着，香着"。

【尖尖脚上的奶奶】

1. "破碎、巨响、轰然跌倒"写出了"我"看到奶奶的小脚后的震惊程度，可见这变形的小脚对"我"的巨大冲击，表达出作者对裹脚的批判和对备受裹脚折磨的中国女性的同情。

2. 奶奶裹脚一是当时社会的风俗，那是汉家女子的必然悲剧；二是家族要求，为了嫁到汾河西岸为老奶奶奉祖上坟；三是为了嫁到夫家博得丈夫的爱怜。

3. 因为小脚是当时女性饱受折磨摧残的一个典型特征，小脚也更加衬托了奶奶一生的不容易，小小尖脚撑起了一个人坚韧隐忍的一生，因此作者从奶奶的小脚写起。

【父亲是棵刺】

1.作者一开始把父亲的形象作为非正面、有缺点的形象去刻画，是一种先抑后扬的写法，也是父亲迎恶而刺形象的一种刻画，欲扬先抑的写法使情节多变，形成波澜起伏，给读者留下比较深刻的印象。

2.作者这样安排文章的结构，使文章段落分明，结构清晰，开头提出意象，中间举例说明，结尾锁定意象，令读者一目了然。

3.父亲保护弱小，敢于触碰恶人，这是刺的一面；父亲遇善而温这是刺的另一面。作者通过"刺"这一意象刻画父亲温暖有爱心的特点，含义丰富，比喻新奇，令人印象深刻。

【落雨的冬天】

1.领导这样说足可见领导的高明之处，他体谅下属，看重下属的优点，对于缺点采用巧妙而善诱的方式指出来，令下属自己领悟，这是一种高超领导艺术的体现。

2.文中一共讲述了关于张仁毅领导的六件事。第一件是握手时他说"写材料辛苦"。第二件事是写的材料在领导那里得到夸奖。第三件事是他领着"我"做调研为后面的公文写作打下基础。第四件事是他提议给"我"涨工资。第五件事是"我"有怨言时他对"我"进行开导。第六件事是他让"我"善待和他有过节的人。

3.作者用"痛断肝肠、心碎欲坠、热泪肆横颜面"来形容"我"的心情，足以可见这位领导在"我"心中的分量，因为他是恩师，是向导，是引领我前行的航标，所以他去世后我伤心欲绝。

【生命形色】

1.文人因为读书读得多，看不惯世间不平的事，所以常常多怨气。

因为善良不会发财，因为不会媚上所以不会升官，注定了孤独抑郁的一生，但是因为留下经典的作品，所以死后受到人们的崇拜。

2. 诗人也是文人，是最无形的文人，文人抑郁，诗人忧愁，文人看不惯世间不平事，诗人想要掌权但是又不能减少世间的忧愁，诗人比文人更浪漫，更忧愁。

第五辑　往事存真

【柿子红】

1. 承上启下，既是对第一段内容的补充、解释，又自然而然地引出下文对柿子品性的描写与论述；在行文上使文章波折起伏，激发读者的阅读兴趣。

解析： 本题考查重要段落在文中的作用。一般来说，分析文段在文中的作用会从三个角度来说。第一看文段描写了哪些具体内容，这些内容对表达文章主旨思想有什么具体的作用。第二看上下文之间的关系，也就是所考的文段和文中上下文之间有怎样的关联性。这是该类题目应该思考的核心。如果是过渡关系，就要写出文段是从什么具体内容过渡到什么具体内容；如果是互相照应的关系，就要写出照应的具体内容。第三是看文段使用的表现手法，以及在结构方面的作用。

2.（1）运用拟人手法，活灵活现地写出了青果们急于成熟的心理，与后文写柿子的淡定从容构成鲜明对比；（2）运用比喻手法，用"晨曦里一轮喷薄初升的朝日"比喻柿子，既形象地写出了柿子红的状态，又饱含了作者的热爱、赞美之情。

解析： 本题考查对表达技巧的掌握能力。做这一类题，首先要确定句子使用的表达方法，再结合具体内容分析该表达方法的表达效果。表达技巧包括表达方式、表现手法、修辞手法。答题的基本思路是先确定使用的表达技巧，再根据具体内容进行分析说明，最后写出具体的表达效果。在整理表达效果时可以从句子内容本身和文章主旨思想两方面入手。

3.这段文字使用了反复的修辞手法，突出了柿子在任何情形下都始终如一的坚韧品性，抒发了对柿子高贵品性的热爱和赞美之情；引用、化用诗词名句，生动形象地写出时间的推移和季节的更迭，富有文采，增强了语言的表现力。

解析：本题考查对文章语言特点的分析能力。做语言特点分析题可以从以下几个方面入手：第一，分析句子的含义以及表达的情感；第二，分析文本本身语言的特点，可以从精确简洁、清新自然、朴素易懂等方面进行分析；第三，分析文章的语言风格，比如幽默风趣、讽刺辛辣、自然优美，等等；第四，分析作者在语言描写上使用的修辞手法；第五，分析句子表达的含义，即分析作者要表达的情感，以及句子本身在文本结构和内容上的作用。

4.（1）不迷乱心性，不赶浪潮，不追时尚；（2）淡定从容，不急于求成；（3）谦和退让，不抢风头，与世无争；（4）不单纯追求外表的装扮，注重彻里透外的浸染；（5）坚忍不拔，坚持不懈。

解析：本题考查对文本内涵的理解。该文章属于散文，需要对文章主旨思想有深层次的理解，这就需要对关键语句进行分析，把握作者的思想内核进行分析。

【冰】

1.因为"我"迷恋的是冰天雪地的自由世界，那里的玩耍能够放飞一个孩子的天性，对于一个孩子来说外面世界的新奇更有吸引力。

2.因为"我"被眼前冰的各种姿态的美好吸引住了，疼痛被另外一种吸引力所代替。

3. 当时"我"认为这个秘密是有高明的画师存在，他们画出了美好的冰的世界，后来"我"知道这个秘密是经历三九严寒，下一番苦功夫，才有这栩栩如生的冰画。

【燕 子】

1. "撒开腿窜出去了""沮丧马上就消散得无影无踪""亲慰带着柔情融进了周身"，这些话充分说明了春天来临后孩子们愉悦、放松、兴奋的心情，也象征着春天的朝气，因此作者用大量的篇幅来写。

2. 春天是酝酿生命的季节，因为春天的酝酿才有秋天的丰收，所以作者在结尾写燕子酝酿小生命，也在昭示春天在酝酿生命，酝酿美好。

【春 雨】

1. 文章开头写画家和诗人的观点是为了和作者的观点形成对比，对作者的观点起到衬托和突出的作用。

2. 水浇地也是春天的一种意象，所以可以写，最重要的原因是水浇地不能代替雨水对大地的滋润，这更能突出大地对雨水的需求。

【莲 花】

1. 本文写了人们种莲藕，蜻蜓，雨中的莲叶，盛开的莲花，孩子们在莲叶下玩耍，还有青蛙。这些事物都与莲花紧密相连，紧紧围绕莲花来写。

2. 这句话表达了青蛙对故乡水田的眷恋，一刻也不离开，也隐隐流露出游子对故乡的眷恋。

3. 因为摘花去叶之后莲藕就会腐烂死去，因为爱惜莲藕，所以人们不会摘花去叶。

【夜来香】

1. 因为白天工作繁忙，所以只能晚上读书写作，但是人都容易犯困和犯懒，所以需要一种精神上的鼓励，而夜来香正好充当了这个角色，它默默无闻开在无人问津的深夜，但是依旧努力。文章这样写一是为夜来香的出场作铺垫，二是表达了自己想要上进的愿望。

2. "我"的灯光抛洒出去，说明"我"在深夜陪伴夜来香，花的清香盈满小屋说明夜来香也在陪伴"我"，鼓励"我"努力写稿，这是一种精神上的陪伴和鼓舞，对"我"有很深的意义。

3. 文章结尾再次写"我"和夜来香之间的陪伴和鼓励，表达了"我"将继续以夜来香为榜样，不知疲倦地努力前进，努力写作，孜孜奋求。

【跋】

1. 从这句话中可以看出作者谦虚的品质和面对荣誉波澜不惊的心态，可见作者淡泊名利的品质。

2. 作者说自己健忘，是因为自己忘记了多少作品上过考卷的事情，更加说明作者对待名利的淡然。其实人生中有很多事情需要忘记，正如作者；人生中也有很多事情需要回忆，正如作者作品中的回忆，这种哲理需要我们慢慢体会。

3. 作者面对自己的作品上考卷是欣喜的，有一种成就感，但是也是泰然处之，欣喜过后便遗忘，这也是对我们的一种启迪，人不能总记着自己的光环，要懂得更进一步地往前走，这才是一个人更高的追求。

— 中高考热点作家 —

中考热点作家

序　号	作　者	作　品
1	蒋建伟	水墨色的麦浪
2	刘成章	安塞腰鼓
3	彭　程	招　手
4	秦　岭	从时光里归来
5	沈俊峰	让时光朴素
6	杜卫东	明天不封阳台
7	王若冰	山水课
8	杨文丰	自然课堂——科学视角与绿色之美
9	张行健	阳光切入麦穗
10	张庆和	峭壁上，那棵酸枣树

高考热点作家

序　号	作　者	作　品
1	王剑冰	绝版的周庄
2	高亚平	躲在季节里的村庄
3	乔忠延	春色第一枝
4	王必胜	霍金的分量
5	薛林荣	西魏的微笑
6	杨海蒂	北面山河
7	杨献平	人生如梦，有爱同行
8	朱　鸿	辋川尚静